Ausweg aus der Krise – Durchbruch zum Glauben

Karl-Heinz Fleckenstein

Heiligenkreuz 2021
www.bebeverlag.at
ISBN 978-3-903602-23-6

Für meine Frau Louisa und meine Kinder
Mirjam, Emmanuel und Elizabeth,
die während meiner 141-tägigen Krise
im Gebet wie Moses in der Wüste
die Arme zum Himmel erhoben haben,
sodass ich mit Gottes Hilfe
den Sieg davon tragen konnte.

Inhalt

PROLOG

Krisen können ganz unterschiedlicher Art sein, beispielweise bei einer unvorhergesehenen Krankheit, bei einer lebensgefährlichen Operation oder bei einem urplötzlich ausgebrochenem Corona-Virus, das nicht nur ein Land, sondern den ganzen Erdball gewaltig durcheinanderschüttelt. In solchen Situationen wird uns die eigene Verletzlichkeit unmittelbar vor Augen geführt. Wir können nicht mehr selbst die Dinge in die Hand nehmen und darüber entscheiden. Eine unsichtbare und unheimliche Waffe will sich unser bemächtigen. Sichtbare Zeichen sind menschenleere Straßen, geschlossene Geschäfte, Restaurants, Kinderspielplätze und immer mehr Mundschutzträger. Religiöse Begegnungen werden verboten, weil sie zum Herd weiterer Virusausbreitung werden könnten. Soziale Distanz wird als ein Ausdruck der Nächstenliebe und der Rücksichtnahme angesehen.

Und doch steckt in jeder Krisenvariante auch eine Chance. In einer Krise gerät zwar die Welt aus den Fugen, aber sie kann auch eine Provokation zum Glauben beinalten. Der Papst hat mitten in der Corona-Pandemie eine seiner stärksten „Waffen" eingesetzt: Den Segen „Urbi et Orbi", den er eigentlich nur zu Ostern und Weihnachten spendet. Atheisten haben darüber gelächelt, da sich das Virus doch davon ganz bestimmt nicht beeindrucken lasse.

Heilungen Jesu nehmen in den Evangelien einen breiten Raum ein. Viele, aber nicht alle Menschen, wurden von ihm geheilt. So wichtig und wertvoll das körperlich-seelische Wohlbefinden ist, so ging es bei ihm viel mehr als um Wohlbefinden. Sein Handeln zielte immer im Zusammenhang mit seiner Verkündigung der Reich-Gottes-Botschaft auf das Heil-Werden des Menschen in allen seinen Beziehungen hin. Jesus ist jedem Menschen auf Augenhöhe begegnet und hat alle angenommen. In dieser Atmosphäre der liebenden Wertschätzung wurden sie verwandelt, aufgerichtet und geheilt. Manche körperlich. Aber nicht alle. Jedoch jeder spürte, dass von Jesus eine Kraft ausging, was mehr bedeutete als körperliches oder seelische Heilung. Können auch wir damit rechnen, geheilt zu werden, wenn wir unser Leben Jesus anvertrauen und um Heilung beten? Auch wenn es keine „automatische" Beziehung zwischen Glauben und Heilung gibt, so ist doch Jesus uns in der Krankheit nahe. Er stärkt, tröstet, bewahrt vor Verzweiflung und kann das Leiden lindern oder heilen. Ein Sprichwort sagt: „Glaube so, als wäre alles von Gott abhängig, und handle so, als wäre alles von dir abhängig". Gerade in Krisenzeiten lassen sich auch gute Bewältigungsstrategien entwickeln, wobei der Glaube an Gott eine positive Energiequelle ist, die hilft, eine Krise besser durchzustehen und den Glauben an die Zukunft nicht zu verlieren. Eine solche Krise hatte ich selbst durchzustehen, als der Kardiologe bei mir die Diagnose feststellte: „Alle Zufahrtswege zu ihrem Herzen sind verstopft. Da hilft nur noch eine Bypass-Operation. Aus dem vorgesehenen einwöchigen Krankenhaus-Aufenthalt wurden viereinhalb Monate mit unvorhergesehenen Komplikationen. Eine gewaltige Glaubensherausforderung an mich und meine Familie. Ein Gebetssturm rund um den Erdball begann, obwohl die Aussichten auf Genesung sehr gering waren.

Ich klammerte mich wie ein Ertrinkender an die Worte Jesu, wenn er vom Aufbruch in den Glauben spricht. Und das „Wunder" geschah. Aus diesem 141 Tagen in der Klinik zwischen Koma, Intensivstation, künstlicher Ernährung und Hoffnung entstand das vorliegende Dialog-Buch mit Jesus, meinem innigsten Freund und Heiler, wie es auch im letzten Kapitel „Glaube, der einen Flächenbrand entzündet" zum Ausdruck kommt. Ich laden sie ein, liebe Leser und Leserinnen, zusammen mit mir im Folgenden Jesus zu fragen, was er in Krisensituationen mit einem unerschütterlichen und manchmal sogar „unverschämten" Glauben meint.

Karl-Heinz Fleckenstein

Glaube, der Berge versetzt

Amen, das sage ich euch: Wenn jemand zu die-
sem Berg sagt: „Heb dich empor und stürz dich ins
Meer!" und wenn er in seinem Herzen nicht zwei-
felt, sondern glaubt, dass geschieht, was er sagt, dann
wird es geschehen.

Darum sage ich euch: Alles, worum ihr betet und
bittet – glaubt nur, dass ihr es schon erhalten habt,
dann wird es euch zuteil (Mk 11,23-24).

**Jesus, du empfiehlst, zu Bergen zu sprechen. Ha-
ben Berge denn Ohren?**

Es ist klar, dass es mir hier nicht darum geht
die Topographie eines Landstrichs zu verändern.
Dass zum Beispiel sich die Golanhöhen in den
See Genezareth stürzen sollen. Es geht mir vielmehr darum, in der Kraft Gottes Dinge anzuspre-
chen, die dir im natürlichen Sinne zu groß sind.
Also in der Kraft des Gebets. Wenn du nur aus
einer religiösen Pflichterfüllung betest, dann hast
du nicht erkannt was es für ein großes Vorrecht
ist, zu mir kommen zu dürfen. Gebet ist nichts an-

deres als gelebte Beziehung zu meinem himmlischen Vater, der in der Lage ist, auch deine Berge in deinem Leben, die dir unüberwindlich erscheinen, zu versetzen.

Trotzdem ist der Berge versetzende Glaube eine geradezu unglaubliche Verheißung.
Die Möglichkeit, dass ein Gotteskind zu seinem Vater im Himmel beten kann, ist ein ganz großes Vorrecht. Einfach beim Herrn der Welt vorsprechen zu können, ist schon etwas Unglaubliches. Zu jeder Tages- und Nachtzeit. Mit freiem Herzen. Ohne Zurückhaltung. Ohne Beschränkung. Ohne schriftliche Voranmeldung. Vielleicht ist es für dich zu selbstverständlich geworden. Stell dir vor, man hätte dir offiziell mitgeteilt, du dürftest deine besonderen Anliegen vor dem Papst persönlich vortragen. Wahrscheinlich würdest du schon Tage vorher mit Papier und Stift dich darauf vorbereiten. Ja nichts vergessen! Möglichst auf den Punkt kommen, damit er dein Anliegen auch begreift! Immerhin erwartest du von diesem Gespräch einiges. Wer weiß, was er für dich tun kann.

Ich benutze hier bei Mk 11,23-24 bewusst ein überzeichnetes Beispiel. Es ist aber nichtsdestoweniger konkret. Das heißt: Überlege genau, um was du alles bitten willst, bevor du es meinem Vater vorträgst. Bete nicht in platten Allgemeinplätzen, sondern zielgerichtet, konkret. Bitte also nicht in erster Linie für die Menschheit im Großen und Ganzen, sondern bitte für bestimmte Menschen, die dir am Herzen liegen. Wenn du Probleme in deinem Alltag hast, dann bete nicht nur: Herr, hilf mir meinen Alltag zu bestehen. Trage deinem und meinem himmlischen Vater konkret vor, welche „Berge" sich da wegheben sollen. Ich versichere dir: je gezielter du betest, desto mehr wirst du die Erfahrungen machen mit diesem „Alles, worum ihr betet und bittet".

„Die Botschaft hör' ich wohl, allein mir fehlt der Glaube", um mit Goethes Dr. Faust zu sprechen. Wie komme ich zu einem solchen Glauben?

Wenn du so fragst, dann hast du eigentlich schon den ersten Schritt in die richtige Richtung getan. In der Tat liegt auf dem Glauben eine große Verheißung. Es ist kein Fehler, wenn du dich nach dem Glauben sehnst. Bei einer anderen Gelegenheit sage ich etwas ganz ähnliches zu meinen Jüngern: „Wenn euer Glaube auch nur so groß ist wie ein Senfkorn, dann werdet ihr zu diesem Berg sagen: Rück von hier nach dort! und er wird wegrücken. Nichts wird euch unmöglich sein" (Mt 17,20). Hast du Glauben wie ein Senfkorn, wenn du betest? Dennoch musst du an dieser Stelle vorsichtig sein. Der Glaube darf nicht als eine Art magische Zauberkraft gesehen werden. Vielleicht hörst du manchmal Sätze wie diese: „Du musst nur mit aller Kraft glauben. Und dann wird dir alles möglich sein. Du wirst gesund, glücklich – vielleicht sogar noch reich. Du kannst andere von Krankheiten befreien und wunderbare Dinge tun". So wird der Glaube zur menschengemachten Zauberformel, mit der man Gott beschwören und ihm seinen eigenen Willen aufzwingen will. Für die Vaterunser-Bitte „Dein Wille geschehe" bleibt dann kein Platz mehr. So sehr du dich nach dem Glauben sehnen darfst, so sehr sollst du nicht vergessen, dass dieser Glaube ein Geschenk meines Vaters im Himmel ist.

Da gibt es Leute, die über Jahre keine Gebets-erhörung erleben. Ihre Motivation zu beten ist irgendwann auf dem Nullpunkt angelangt. Hast du nicht gesagt, dass wir alles bekommen, worum wir bitten?

Nicht jedes Gebet wird erhört, sondern das gläubige. Das ist gut so, denn es gäbe kaum einen größeren Fluch als wenn all deine Wünsche in Erfüllung gingen. Dann hättest du vielleicht den falschen Job. Du wärst möglicherweise Rockstar oder Professor, aber ganz bestimmt nicht das geworden, was mein Vater von dir will. Vielleicht kennst du die Sage von König Midas. Dieser mächtige König hatte einen Wunsch: Er wollte, dass alles, was er berührt, zu Gold wird. Der Gott Dionysius erfüllte seinen Willen. Tatsächlich, alles was Midas berührte, wurde zu reinem Gold! Brach er einen Zweig vom Baum, wurde er zu Gold. Hob er einen Stein vom Boden auf, wurde er zu Gold. Der König war überglücklich. Doch dann kam das böse Erwachen. Hungrig und durstig setzte sich Midas an den gedeckten Tisch. Doch kaum berührte er das Brot, wurde es zu Gold. Kaum nahm er einen Schluck aus seinem Becher, hatte er flüssiges

Gold im Mund. Der König drohte zu verhungern und die erwünschte Gabe wurde sein schlimmster Alptraum.

Wie soll ich verstehen, was der Wille Gottes ist?

Du kannst die Bibel danach befragen. Welche Gebete mit meinem Wort zusammenpassen und welche abwegig sind. Wenn ich vom Berge versetzendem Glauben spreche, dann meine ich natürlich Berge im übertragenen Sinn. Unüberwindlich erscheinende Hindernisse: in deinem eigenen Leben, in deiner Familie, in deinem Beruf, in der Beziehung zu deinem Nachbarn. Das sind Dinge, um die du durchaus voller Glauben bitten darfst. Weil mein Wort dich dazu auffordert und Erhörung verheißt. Du darfst auch darum bitten, dass ich deinen kleinen Glauben stärke. Und merke dir noch etwas: das lernst du nicht durch theoretische Überlegungen und tiefsinnige Grübeleien, sondern aus der Erfahrung im Beten. Etwa so: „Vater, vergib mir all meine Fehler um deines Sohnes Jesu Christi willen. Nimm mich als dein Kind an". Wenn du das von Herzen nachsprechen kannst, dann hast du Grund genug, deinem Vater im Himmel dankbar zu sein und dich ihm ganz und gar anzuvertrauen.

Du sagst: ich soll einen festen Glauben haben und nicht zweifeln. Trotzdem gibt es immer wieder Faktoren, die mich ins Zweifeln bringen.

Der Zweifel gehört als ständiger Begleiter zum Glaubenden. Nicht, dass du dich mit ihm anfreunden sollst. Aber es ist ganz normal, dass Zweifel über dich kommen.

Ich habe mich gefragt, wodurch meine Zweifel genährt sind. Da habe ich etwas erbeten und war auch der festen Auffassung, dass mein Gebet ganz in deinem Sinne war. Aber es ist dann ganz anders gelaufen. Eine solche Enttäuschung habe nicht nur einmal, sondern immer wieder gemacht. Dabei drängt sich mir der Gedanke auf: Wie kann ich dir vertrauen?

Die gemachten Erfahrungen sind nicht der Maßstab für deinen Glauben, sondern mein Wort! Da können es auch eingefahrene Gewohnheiten sein, die dich ins Zweifeln bringen. Nach dem Motto: Es war schon immer so. Und so muss es auch bleiben. Nein, bei mir gibt es immer Überraschungen. Ich kann Neues schaffen. Dann kann es noch etwas geben, das dich unempfänglich macht für mein Wirken. Es ist das Festhalten an deinen Fehlern und dem Ärger über deine Mitmenschen. Deshalb ist es so wichtig, dass du ein vergebendes Herz hast. Vielleicht habe ich dir im Glauben einen Weg aufgetan, den du noch nie gegangen bist. Nun liegt es an dir, auch die ersten Schritte zu tun, selbst wenn du noch nicht genau weißt, wie es weitergeht. Das fordert dein unerschütterliches Vertrauen zu mir. Ich meine jetzt nicht, dass du das Fieberthermometer anlegen müssest, um zu messen, wie viel Glauben du hast. Es geht um ein Gebet, das aus der Beziehung mit meinem Vater kommt. So wie ich es oft in nächtlichen Stunden in einer Grotte am See Genezareth getan habe. Das heißt, wenn zwei sich mögen, sich einander anvertrauen, dann reden sie miteinander. Du redest mit mir, ich rede mit dir. Durch dieses Gespräch lernst du erst einmal zu entdecken, wie ich die Welt sehe, wie ich dich sehe, was wirklich wichtig ist. Ich habe dir doch nicht umsonst beigebracht zu sagen: „Vater unser im Himmel ..." Dann wird mein Vater dafür sorgen, dass ihr das tägliche Brot habt, dass Vergebung möglich ist, dass sein Reich unter euch wächst und all die sieben Bitten, die ihr im „Vater unser" aussprecht, sich verwirklichen. Euer größter Auftrag als Christen auf der Erde ist es, dafür zu sorgen, dass sich eure Welt der Gotteswelt anpasst: „Dein Reich komme, Dein Wille geschehe, wie im Himmel, so auf Erden." Dieses Vaterunser ist nicht nur das wichtigste Gebet der Christenheit, es ist euer Erbe und Auftrag.

Glaube, der baden geht

Gleich darauf drängte Jesus seine Jünger, in ihr Boot zu steigen und an das andere Ufer des Sees vorauszufahren. Er selbst blieb zurück, denn er wollte erst noch die Leute verabschieden. Dann ging er auf einen Berg, um ungestört beten zu können. Bei Einbruch der Nacht war er immer noch dort, ganz allein.

Die Jünger waren schon weit draußen auf dem See, als ein Sturm heraufzog. Der starke Gegenwind peitschte die Wellen auf und machte dem Boot schwer zu schaffen.

In den frühen Morgenstunden kam Jesus über den See zu ihnen. Als die Jünger ihn auf dem Wasser gehen sahen, waren sie zu Tode erschrocken. „Es ist ein Gespenst!", meinten sie und schrien voller Entsetzen. Aber Jesus sprach sie sofort an: Habt keine Angst! Ich bin es doch, fürchtet euch nicht! Da rief Petrus: Herr, wenn du es wirklich bist, dann befiehl mir, auf dem Wasser zu dir zu kommen. „Komm her!", antwortete Jesus.

Petrus stieg aus dem Boot und ging Jesus auf dem Wasser entgegen. Kaum war er bei ihm, da merkte Petrus, wie heftig der Sturm um sie tobte. Er erschrak, und im selben Augenblick begann er zu sinken. „Herr, hilf mir!", schrie er. Sofort streckte Jesus ihm die Hand entgegen, hielt ihn fest und sagte: „Vertraust du mir so wenig, Petrus? Warum hast du gezweifelt?" Sie stiegen ins Boot, und der Sturm legte sich. Da fielen sie alle vor Jesus nieder und riefen: „Du bist wirklich der Sohn Gottes!" (Mt 14, 23-33).

Jesus, nachdem du viele Kranke geheilt, mehr als 5000 Leuten zu Essen gegeben und die Menge verabschiedet hattest, sollten deine Jünger schon einmal mit dem Boot ans andere Seeufer vorausfahren.

Ich stieg allein auf einen Berg, um mit Gott, meinem Vater im Gebet verbunden zu sein. Ich betete für die Menschen, die im Glauben an mich geheilt entlassen wurden: dass sie von allem Übel erlöst seien.

Für die Menschen, die zusammen mit mir gegessen hatten: dass sie gestärkt weiter durchs Leben gingen. Für meine Jünger da draußen im Boot: dass sie in den Stürmen des Lebens nicht verzagten.

Für mich selbst: dass ich Kraft genug von meinem Vater im Himmel bekäme, den Leidensweg bis zum Tod am Kreuz zu gehen. Auch für dich: dass du nicht verzagst, wenn dir der Wind ins Gesicht bläst.

Inzwischen war Mitternacht längst vorbei. Eigentlich hätten deine Jünger schon auf der anderen Seite sein sollen. Aber ein Sturm war aufgekommen. So heftig, dass sie Mühe hatten, das Schiff am Kentern zu hindern. Durch die zerstörerische Gewalt des Wassers wurde die Bootsfahrt zu einer Qual.

Im letzten Viertel der Nacht kam ich auf dem Wasser ihnen entgegen. Als die Jünger mich sahen, aber nicht erkannten, erschraken sie zu Tode. Es wurde ihnen unheimlich. Sie trauten ihren Augen nicht: „Das geht doch nicht mit rechten Dingen zu! Das ist ein Gespenst!" Sie bekamen Angst, schrien sogar vor Furcht.

Wie hast du darauf reagiert?

Ich gab mich sofort zu erkennen und beruhigte sie: „Fasst Mut! Ich bin's, fürchtet euch nicht!" Der kam plötzlich einem von ihnen die Idee, auf dem Wasser mir entgegen zu gehen.

Petrus! Wer auch sonst?

Petrus, der alles genau wissen wollte. Der immer vorne weg marschierte. Der immer sein Herz auf der Zunge hatte. Spontan rief er mir zu: „Herr, wenn du es bist, dann befiehl mir, auf dem Wasser zu dir zu kommen!" – „Komm her!" antwortete ich. Tatsächlich stieg er aus dem Boot und ging auf dem Wasser auf mich zu.

Die Jünger kamen aus dem Staunen nicht heraus. Petrus konnte auf dem Wasser laufen. Alle physikalischen Gesetze schienen außer Kraft gesetzt. Aber so war es nicht! Petrus stürzte sich nicht einfach in die Fluten, sondern er bat mich, ihn zu rufen. Es ging hier nicht um den Adrenalinkick einer neuen „Extremsportart". Auch nicht um Mut zum Risiko. So etwas konnte sich sehr schnell als große Dummheit entpuppen. Worum es wirklich ging, war Gehorsam. Petrus merkte, dass ich von ihm etwas Besonderes wollte. Und er hatte den Wunsch, genau das zu tun, was ich von ihm erwartete. Als er über den Rand des Bootes stieg und auf das Wasser sprang, lieferte er sich ganz und gar meiner Macht aus. Deshalb trug ihn das Wasser. Er konnte darauf laufen, als ob es fester Boden wäre.

Aber die Freude dauerte nur eine kurze Zeit. Dann sah Petrus wieder die hohen Wellen. Er fing an, seine Situation zu reflektieren: Kein Mensch kann auf dem Wasser laufen. Und schon gar nicht bei diesem Wellengang. Mit einem Mal redeten die aufschäumenden Wellenberge lauter als dein Ruf. Von einer Sekunde auf die andere, gingen erst der Glaube und dann der ganze Petrus baden.

Petrus war eindeutig dem starken See-Gang nicht gewachsen. Bei ihm lag so vieles eng zusammen: Vertrauen und Versagen, Stärke und Schwäche, Glaubensmut und Glaubensscheitern und dass ich ihn nicht fallen ließ. Er hatte sich auf ein Abenteuer mit mir eingelassen. Er durfte erleben, dass er sein Schicksal beruhigt in meine Hände legen konnte. Er verstand, dass ich der Einzige war, der auf den Wellen gehen und den Sturm stillen vermochte. Und dass ich ihn selbst dazu befähigen konnte, etwas ganz Außergewöhnliches zu tun. Seine Verbindung zu mir war intensiver als je zuvor. All das wäre ihm entgangen, wenn er im Boot geblieben wäre. Aber sobald er die Augen von mir weg auf sich wandte, bekam er Angst. Eigentlich hatte sich gar nichts geändert. Der Sturm und die Wellen waren vorher auch schon dagewesen. Aber Petrus Blickwinkel hatte sich verlagert. Weg vom Vertrauen zu mir und hin zu dem, was die „Realität" zu sagen schien. Er begann zu sinken und schrie aus Leibeskräften: „Hilf mir, Herr!" Genau in dem Moment, als der eine Glaube bei ihm baden ging, wurde ein neuer Glauben geboren. Es ist der Glaube, auf den er sich absolut nichts mehr einbilden konnte. Es ist der Glaube, für den es keinen Applaus von Menschen gibt, es ist ein Glaube im Zerbruch. Jetzt erst wurde Petrus bewusst, wer trägt, wenn vom eigenen Glauben nichts mehr übrig ist als ein einziger Hilfeschrei. In diesem Moment bestrafte ich den zweifelnden Petrus nicht, indem ich ihn einige Mundvoll Wasser schlucken ließ, sondern packte ihn „sofort" am Kragen und hielt ihn fest. „Du hast zu wenig Vertrauen!", erklärte ich ihm liebevoll. „Warum hast du gezweifelt?" Das war eine einfache Feststellung. Kein Tadel. Dann stiegen wir beide ins Boot und der Wind legte sich. Die Jünger warfen sich vor mir nieder und riefen: „Du bist wirklich Gottes Sohn!"

Warum erleben wir so etwas heute nicht? Es muss ja nichts Exotisches sein, wie damals mit dem Petrus. Aber doch irgendetwas Besonderes. Sind intensive Gotteserlebnisse nur etwas für besondere Leute vorgesehen?

Auch in deinem Leben gibt es einen Bereich, in dem ich dich auffordere, mit mir zusammen etwas Besonderes zu unternehmen. Etwas, das du ohne mich niemals tun könntest. Aber es hängt von dir ab, ob dies tatsächlich auch geschieht.

Wie meinst du das?

Weil es ein kleines Problem bei der ganzen Sache gibt: Wenn du auf dem Wasser gehen willst, musst du zuerst einmal meine Gegenwart ausmachen. Deshalb meine Frage: Sobald du in Schwierigkeiten steckst, erkennst du dann sofort, dass ich bei dir bin und nach wie vor alles unter Kontrolle habe? Es sind gerade die dunkelsten Stunden, die angstvollen und stürmischen Momente deines Lebens, in denen ich dich ansprechen will. Frage dich selbst, wie oft du in solchen Extremsituationen deine Aufmerksamkeit auf mich richtest? Ich lade auch dich wie Petrus ein, aus deinem Boot zu steigen. Es ist der einzige Weg zu wirklichem Wachstum. Ein Weg, auf dem sich dein fester Glaube entwickelt. Es ist die Alternative zu Langeweile und Stagnation, die sich sonst in deinem Leben breitmachen wollen.

Ich möchte schon deine Gegenwart erkennen, wenn der Sturm um mich herumtobt. Aber ich fühle mich so schwach.

Dein guter Wille ist schon ein Anfang. Schließlich habe ich nicht umsonst die Aufmerksamkeit meiner Jünger erregt. Ich hätte ja auch einfach still und heimlich an ihnen vorbeiziehen oder plötzlich bei ihnen im Boot auftauchen und die Wellen beruhigen können. Aber jetzt stand ich mitten im Sturm außerhalb des Bootes und wartete auf ihre Reaktion. Aber nur einer begriff, dass ich ihnen eine Chance anbot, etwas Außergewöhnliches zu erleben. Genau das erwartet ich auch von dir, wenn du meine Gegenwart erkannt hast. Den Mut, dich auf mich einzulassen und die Unterscheidungsfähigkeit, meine Stimme von deinen eigenen spontanen Impulsen zu trennen. Wenn du nicht sicher bist, was ich von dir will, dann kannst du mich ruhig um einen klaren Ruf bitten.

Was mache ich dann, wenn tatsachlich dein Ruf kommt, etwas Außergewöhnliches zu tun?

Dann wird es spannend für dich. Jetzt musst du dich entscheiden, meinem Ruf zu folgen oder nicht. Ich sage es noch einmal ganz eindringlich: Wenn du auf dem Wasser gehen willst, musst du heraus aus dem Boot.

Und was ist mein Boot?

Das Boot ist das, worauf du dein Vertrauen setzt, wenn das Leben stürmisch wird. Es ist deine scheinbare Sicherheit. All das, was dein Leben so bequem macht. Dass du nicht aufgeben möchtest, selbst wenn ich dich klar und deutlich herausrufe. Es ist das, was dir die größte Angst einjagt bei der Vorstellung, alles loslassen zu müssen. Es kann dein Wunsch nach Anerkennung sein, der dich daran hindert, deinen Glauben an mich vor anderen Menschen zu bekennen, wenn über die angeblich überholten Lehren der Kirche gelästert wird. Es kann deine Angst vor Konsequenzen sein, die dich daran hindert, nein zu sagen, wenn dein Chef dir einen Auftrag gibt, der gegen die göttlichen Gebote verstößt. Es kann deine Angst vor der Blamage sein, die dich daran hindert, eigene Fehler einzugestehen. Dein Wunsch nach finanzieller Sicherheit und Komfort kann dich davon abhalten, meinem Ruf in eine bestimmte Mission zu folgen. Es sind deine Ängste, die dich blockieren, dein Boot zu verlassen, wenn ich dich rufe.

Diesen Schritt in Ungewisse zu tun, ist wahrscheinlich das Schwierigste.

Aber wenn du es nicht tust, wirst du nie erleben, dass du mit meiner Hilfe tatsächlich auf dem Wasser gehen kannst. Wenn du aus dem Boot steigst, heißt das noch lange nicht, dass sich mit einem Schlag alle Umstände ändern. Rückschläge, Gegenwind, unerwartete Hindernisse – das sind doch alles Gründe, warum du deine Sicherheitszone nicht verlassen willst.

**Sobald ich außerhalb des sicheren Bootes stehe,
überkommt mich die Angst.**

Angst gehört leider manchmal dazu, wenn du mir
ins Ungewisse folgst. Es ist ganz normal, in so
einer Situation Angst zu bekommen, sobald du
den Blick von mir wegnimmst. Vertrauen kommt
nicht von selbst. Du kannst das nicht „machen",
sondern nur lernen, indem du dich immer wieder neu auf mich einlässt. Selbst wenn du dabei
ab und zu versagst und die Zweifel stärker sind
als dein Vertrauen.

**Du meinst, es gibt also viele Gründe, mein Boot
zu verlassen.**

Ja. Der wichtigste ist zu wissen: du findest mich
dort, wo das Wasser am tiefsten ist. Ich stehe nicht
im Boot, sondern dort, wo es manchmal dunkel,
nass und gefährlich ist. Ich rufe dir zu: Komm!
Was also hält dich noch in deinem Boot? Bist du
bereit, deine selbstgemachte Sicherheit loszulas-
sen und im blinden Vertrauen auf mich zuzuge-
hen? Solche Erfahrungen des Einbrechens, der
Verunsicherung, die brauchst auch du. Lasse sie
dir nicht abtrainieren oder mit Medikamenten be-
kämpfen! Es gibt nichts schlimmeres als ein nur

glattgebügeltes Leben, eine Laufbahn, die zu einer vermeintlich coolen und verklärenden Selbst-Gewissheit führt, aber den liebenden und barmherzigen Blick für den Mitmenschen verloren hat.

Diese Erkenntnis hilft mir, aus meinen Fehlern zu lernen.

Fehler zu erkennen ist schmerzhaft, aber sicher auch eine Chance zu wachsen. Du sieht das am besten, wenn du Kleinkinder beobachtest, die gerade lernen zu laufen. Sie fallen immer wieder hin. Manchmal tut das auch weh. Aber bleiben sie deshalb sitzen, um nicht noch einmal zu fallen? Keineswegs! Sie versuchen es immer wieder, bis sie irgendwann ganz stabil laufen können.

Der Sturm des Alltags, der so vieles hinwegfegt, bringt Zweifel mit sich. Manche Situationen sind richtig bescheuert und ich weiß nicht, ob und wie ich da wieder herauskomme.

Diese Zweifel dürfen sein. Die dir den Boden unter den Füßen wegzuziehen scheinen. Zweifel, warum so viel Elend in Syrien oder dem Libanon. Zweifel, warum diese Corona-Krankheit bei einem nahen Angehörigen. Zweifel, warum dieser bittere Verlust in der Familie. Nicht immer im Leben gelingt es dir, das Schiff auf dem gewünschten Kurs zu halten. Ein beinahe Scheitern im Sturm. Es gibt nicht immer ein Happy End in allen Dingen des Lebens. Aber eines will ich dir sagen: Dein Leben ist mir nicht egal. Petrus ging nicht unter, weil er mir nicht egal war. Weil ich ihm meine Hand entgegenstreckte. Weil ich ihn wieder hochholte und weil er mit mir gemeinsam in das stürmisch umkämpfte Boot einstieg. Dann erst legte sich der Wind. Das Schiff hatte den See-Gang überstanden. Dann erkannten meine Jünger: Das ist kein Gespenst, das kann nur der Sohn Gottes sein. Blicke deshalb bei all dem, was dein Leben ausmacht, auf meine ausgestreckte Hand; denn meiner liebenden Hand kann dir nichts, aber auch gar nichts entreißen.

GLAUBE, DER IM STURM
NICHT UNTERGEHT

Und am Abend desselben Tages sprach Jesus zu seinen Jüngern: „Lasst uns hinüberfahren". Und sie ließen das Volk gehen und nahmen ihn mit, wie er im Boot war und es waren noch andere Boote bei ihm.

Und es erhob sich ein großer Wirbelwind und die Wellen schlugen in das Boot, so dass das Boot schon voll wurde. Und er war hinten im Boot und schlief auf einem Kissen. Und sie weckten ihn auf und sprachen zu ihm: „Meister, fragst du nichts danach, dass wir umkommen?" Und er stand auf und bedrohte den Wind und sprach zu dem Meer: „Schweig und verstumme!" Und der Wind legte sich und es entstand eine große Stille.

Und er sprach zu ihnen: „Was seid ihr so furchtsam? Habt ihr noch keinen Glauben?" Sie aber fürchteten sich sehr und sprachen untereinander: „Wer ist dieser? Auch Wind und Meer sind ihm gehorsam!" (Mk 4, 35 – 41).

Jesus, ich stelle mir vor, wie es damals war: Eine ruhige Abendfahrt über den See Genezareth. Vielleicht eine Stunde. Um in Ruhe diesen Tag aus- und nachklingen zu lassen. Doch dann geschah es: Unberechenbare Fallwinde verwandelten den See plötzlich in wilde, bedrohliche Fluten. Wo eben noch alles so friedlich schien, war auf einmal alles ganz anders: und Panik machte sich breit. Die seegewohnten Fischer schrien: „Wir gehen unter!" Du aber schliefst im Boot. Fast unvorstellbar, wie ein Mensch bei einem solchen tobenden Element schlafen kann. Das Brüllen des Sturms wie die Stimmen von Dämonen. Wasser im Boot. Alles tropfnass. Die Wellen schlugen bereits meterhoch in die Barke. Hilflos saßen deine Jünger in ihrer Nussschale, die mit samt der ganzen Mannschaft von den Fluten in die Tiefe des Sees hinab gerissen zu werden drohte. Todesangst griff nach ihnen. „Sie weckten dich auf und schrien: „Meister, fragst du nicht danach, dass wir umkommen?" Dieser Hilfeschrei muss dir doch tausendfach in den Ohren geklungen haben. „Wach' auf, Jesus! Tu' etwas! Es wird höchste Zeit! Zeig, dass du da bist!" Und du lagst auf einem Kissen hinten im Boot und schliefst fest. Das Tosen der Wellen und das Brausen des Windes weckten dich nicht auf. Du, der Sohn Gottes im göttlichen Tiefschlaf. „Siehe, der Hüter Israels schläft und schlummert nicht", heißt es in Psalm 121,4. Und doch! Die Beter der Psalmen können davon auch ein anderes Lied singen: „Gott, schweige doch nicht! Gott, bleib nicht so still und ruhig! Wach auf! Warum schläfst du, Herr? Erwache! Gott, sei nicht stumm! Schweige nicht und ruhe nicht!" (Ps 83,1). Du kannst schlafen. Tief und fest! Du bist still. Du sagst nichts. Du machst nichts. Du hast die Augen zu. Du überlässt die stürmische Welt da draußen sich selbst. Und du lässt dich nicht aus der Ruhe bringen. Diese göttliche Stille provoziert. Ich kann mich einfach mit dieser göttlichen Ruhe nicht abfinden. Nicht, wenn es stürmt. Nicht, wenn die Wellen ins Boot schlagen. Nicht, wenn das Lebensboot zu versinken droht.

Meine Ruhe hat auch die Jünger provoziert. Sie waren fassungslos. Fast wütend. Aber sie wandten sich nicht ab. Sie machten sich Beine. Sie weckten mich. Sie klagten mich an. Sie schrien sich ihre Wut, ihre Angst, ihre Hilflosigkeit von der Seele. Sie haderten mit mir, ihrem Lehrer und Meister. Ihre Verzweiflung war groß. Und trotzdem hörten sie nicht auf, mir zu vertrauen. Und ich stand auf und bedrohte den Wind und sprach zu dem Meer: „Schweig und verstumme!" Und der Wind legte sich und es entstand eine große Stille.

Die Stille nach dem Sturm muss etwas Befreiendes, Wunderbares gewesen sein. Das Wasser glatt und bewegungslos. Der Wind nur noch ein sanftes Säuseln. Die Sonnenstrahlen brachen wieder durch.

Genau. Alles schien wie immer. Und doch war diese Ruhe eine andere als die vor dem Sturm. Eine große Stille. Alles fiel von meinen Jüngern ab, was zentnerschwer auf ihrer Seele lag. Die Anspannung, der Stress, die Sorgen, die Angst. Das alles versank im Meer. Erleichterung, Befreiung breiteten sich aus. Das Boot fuhr wieder in ruhigem Fahrwasser. Diese Stille machte meine Jünger nachdenklich. Sie gab ihnen Zeit für meine Fragen: „Was seid ihr so furchtsam? Habt ihr noch keinen Glauben?"

Entschuldige, aber diese deine Fragen kommen mir eher wie eine Zumutung vor. Die Angst im Nacken, den Tod vor Augen und dann noch felsenfest vertrauen können? Ist das nicht zu viel verlangt? Übermenschlich? Auch im Boot unserer Zeit ist es Abend geworden. Sehr dunkel durch die drohenden Katastrophen durch den Klimawandel: Gewaltige Seebeben mit Flutwellen kommen plötzlich ohne Vorwarnung. Sie vernichten Hab und Gut der Menschen und fordern unzählige Opfer. Wirbelstürme werfen unser Boot hin und her. Wohin steuert diese unsere Welt? Handelskriege, Attentate, Rechtsradikalismus, Terrorsturm, digitale Überwachung. Es gibt so Vieles, was uns Angst macht. Das Schiff geht unter und wir streiten darum, welche Musik dazu spielt. Misstrauen und Skandale in der Politik. Die Angst vor einem neuen Wettrüsten. Wohin steuern wir mit Staatsmännern wie Kim Jong Un oder Erdogan? Zunehmender Egoismus macht sich breit. Der unsichtbare Feind der Corona- Pandemie bedroht den ganzen Erdball. All unsere menschlichen Anstrengungen versagen. Das Wasser steht uns bis zum Hals. Kümmert es dich nicht, wenn wir zu Grunde, gehen? Wo bist du Jesus? Es scheint, als gebe es heute keine Antwort im Heulen des Sturmes. Zahllose Menschen wenden sich in ihren schrecklichen Lebensstürmen von einem angeblich „schlafenden" Gott ab? Oder ist dein Schweigen eine Antwort?

Es ist nicht recht, vom „schlafenden" Gott zu reden, nur weil ich nicht eingreife, wie ihr es wollt. Hier beginnt der Kleinglaube. An die Stelle des totalen Vertrauens und der unbedingten Hingabe an mich tritt die menschliche Selbstbehauptung, der fordernde Wille oder gar die Verzweiflung. Der Kleinglaube erwartet, dass ich etwas sagen oder tun müsste. Dem tiefen Glauben genügt es zu wissen, dass ich im Boot bin. Meine Gegenwart sollte euch genügen und euch beruhigen. Angst hat da keinen Platz, wo ich im Schiff bin. Selbst wenn es unterginge, wäre ich mit euch. Meine Gelassenheit hat nichts mit Lässigkeit und Leichtsinn zu tun, aber mit der Verheißung: Ich werde die nicht verlassen, die sich auf mich verlassen.

Trotzdem bleiben mir viele Fragen offen. Fallwinde brechen auch in meinem Leben ein, zuweilen ganz plötzlich und übermächtig. Da fühle ich mich ausgeliefert und verloren. Als gäbe es kein

Vor und kein Zurück mehr. Plötzlich ist etwas Bedrohliches da. Die Angst kriecht durch alle Ritzen. Wo bist du, wenn mir solches widerfährt? Wo bist du, wenn das Schicksal uns würgt, wenn dämonische Gewalten uns in die Tiefe zerren wollen. Wenn wir den Boden unter den Füßen verlieren und keinen Halt mehr finden? Als an der libyschen Küste viel zu viele Menschen von gewissenlosen Schleppern und Menschenhändlern in ein desolates Boot getrieben wurden und hinaus in die See fuhren, warst du da mit im Boot? Als im Irak zehntausende Christen vom Terror des IS aus ihrer Heimat vertrieben wurden, warst du dabei auf dem Fluchtweg über die Berge? Wo bist du, Jesus? Schläfst du? Wach' doch auf!

Wenn Stürme in deinem Leben aufkommen, dann wünsche ich dir, dass du nie aufhörst zu fragen. Nie! Zu fragen nach dem Leben. Nach mir. Wer fragt, der will verstehen. Finde dich nicht einfach ab. Wenn du fragst, bleibst du mit mir in Kontakt. Mit deinen Fragen kannst du mich löchern, wachrütteln, an mein Gewissen appellieren. So lange du nach mir fragst, gibst du nicht auf. In jeder Frage leuchtet ein Funke Hoffnung. Ich werde mir alle deine Fragen gefallen lassen. Wie unverschämt sie auch sein mögen. Es muss dir genügen, zu wissen, dass ich in deinem Lebens-Boot und im Boot der Kirche bin. Auch wenn ich den Eindruck erwecke, als würde ich schlafen. Und noch etwas: auch mit einem „schlafenden" Herrn geht das Boot der Kirche nicht unter.

Aber vielleicht müssen wir dich immer wieder wecken, dich wachrütteln, wenn sich solche Stürme in unserem Leben aufbauen, wenn sich Unheil über unseren Köpfen zusammenzieht. Oder sind wir Menschen der dunklen Macht des Schicksals ausgeliefert? Hast du in Auschwitz geschlafen und die Schreie der Opfer überhört? Warst du da, der sie hätte retten können? Schläfst du, wenn sich augenblicklich im Nahen Osten ein militärischer Flächenbrand aufbaut? Schläfst du, wenn ein Diktator in Nordkorea mit Atomwaffen prahlt. Müssen wir dich immer wecken, damit du uns rettest?

Es ist gut für euch, dass ihr nach mir ruft. Ihr braucht das Gebet. Weil ich darauf warte, dass ihr mich bittet. Ich wiederhole es noch einmal: Ich bin doch mit euch im gleichen Boot! Nicht ihr weckt mich. Ich wecke euch! Aus eurer Angst! Dabei merkt euch eines: Der Glaube macht das Leben nicht zu einer angenehm harmlosen Spazierfahrt. Leben aus dem Glauben ist eine abenteuerliche Reise, die bei mir sogar auf den Kreuzigungshügel Golgota führte. Auf dem See Genezareth geschah ein Zeichen: Mit einer Geste und wenigen Worten brachte ich das Meer zum Schweigen. Ich ließ die Meinen nicht umkommen. Weil ich bei ihnen war. Auch euch rufe ich zu: Ich steige zu euch ins Boot. Ich bin bei euch. Unterwegs zu neuen Ufern, auch, wenn Nacht und Sturm hereinbrechen. Was seid ihr so furchtsam auf diesem Weg durch die Stürme des Lebens? Ich höre eure Hilferufe. Ihr werdet nicht zu Grunde gehen. Ich bin mit euch. Euer Schicksal ist mein Schicksal. Bis hin nach Ausschwitz. Auch dort habe ich mit den Opfern gelitten. Vertraut auf mich! Ist das zu wenig? Aus diesem Vertrauen zu meinem Vater habe auch ich gelebt. Glaube ist stärker als Sturm und Wellen, wichtiger als Überleben. Die ununterbrochene Reihe meiner Blutzeugen, angefangen bei Stephanus bis zu Pater Maximilian Kolbe, sind Garanten dafür, dass Glaube die Angst besiegt.

Aber ich kann dich nicht mehr wie die Jünger damals im Boot bei den Schultern packen und aufrütteln.

Aber du kannst mir deine Bedrängnisse und Ängste klagen. Du kannst mir dein Leid, deine Ohnmacht und Hilflosigkeit vor die Füße werfen. Wenn du merkst, wie machtlos und begrenzt du bist, wenn du einen Halt brauchst, an dem du dich anklammern kannst, um nicht ganz unterzugehen, dann kann es geschehen – nicht immer und nicht automatisch! – dass dein Notruf das Blatt wendet. Obwohl ich scheinbar schlafe, scheinbar fern von dir bin, so warte ich darauf, dass du mich im Gebet anrufst. Ich bin für dich trotz allem ansprechbar. Ich bin dir nahe – selbst dann, wenn ich dir fern erscheine. Ich warte darauf, dass du mich rufst. Ich stelle mich all den Mächten, die das Leben bedrohen, entgegen. In mir zeigt sich die Macht meines Vaters, die dem Leben den Sieg gibt. Gegen die Mächte des Untergangs und des Todes. Gegen die Chaosmächte und Ungeheuer, gegen die Dämonen. Vom ersten Schöpfungstag bis zur Überwindung des Todes in meiner Auferstehung. Vom Anfang bis zum Endpunkt der Schöpfung werde ich es am Ende sein, der das

Leben bewahrt. Mein Apostel Paulus bring sein Vertrauen auf diese alles überragende Macht so auf den Punkt: „Ich bin gewiss, dass weder Tod noch Leben, weder Engel noch Mächte noch Gewalten, weder Gegenwärtiges noch Zukünftiges, weder Hohes noch Tiefes noch irgendeine andere Kreatur uns scheiden kann von der Liebe Gottes, die in Christus Jesus ist, unserm Herrn" (Röm 8.38-39). Dieses Vertrauen gilt es gegen alle erfahrene und erlittene Todesmacht groß zu machen. Dieses trotzige „Dennoch" gilt es festzuhalten, auch in der Jetzt-Zeit, da der Tod und die Mächte des Untergangs noch nicht endgültig überwunden sind und der Glaube an meine Gegenwart so angefochten ist. Auch du musst für dich eine Antwort finden auf die Frage, die auch die Jünger sich stellten: „Wer ist der, dass ihm Wind und Meer gehorsam sind?" Wer ist dieser Jesus? Wer bin ich für dich? An dieser Frage entscheidet sich, woraus du dein Vertrauen, deine Hoffnung und deine Zukunft schöpfst. An dieser Frage entscheidet sich auch, ob du bereit bist, zuzulassen, dass es möglich ist, dass ich auch in deinem Leben Dinge zu tun vermag, die du im Nachhinein nur als Wunder begreifen kannst. Wenn du diese Frage

mit einem Ja beantworten kannst, dann mündet
sie in eine Einladung zum Vertrauen ein. Dass
ich dein Leben bewahren werde, obwohl und gerade weil harte, bedrohliche Sturmerfahrungen
noch kommen können. In diesem Vertrauen glaube daran, dass ich mehr vermag, als du dir vorstellen kannst. Du darfst deine Hoffnung darauf-
setzen, dass eben nicht am Ende alles untergeht,
sondern dass du das Ufer am Ende der Reise erreichen wirst.

Danke für diese feste Zusage! Ich möchte mich
von Schreckensnachrichten nicht in die Tiefe zie-
hen lassen. Ich will nicht in ihnen und mit ihnen
untergehen. Ich möchte mich an deine Worte
„Was seid ihr so furchtsam? Habt ihr noch keinen
Glauben?" wie ein Ertrinkender an einer Schiffs-
planke festhalten. Ich will darauf vertrauen, dass
du größer bist als jede Welle und jeder Sturm, obwohl das an meinem Leben nicht immer abzu-
lesen ist. Trotzig halte ich all dem dagegen: Das
rettende Ufer gehört mir. Weil ich dir gehöre, obwohl meine Hoffnung oft noch nicht perfekt zu
schwimmen vermag.

GLAUBE, DER UM HILFE SCHREIT

Als sie zu den anderen Jüngern zurückkamen, sa-
hen sie eine große Menschenmenge um sie versam-
melt und Schriftgelehrte, die mit ihnen stritten. So-
bald die Leute Jesus sahen, liefen sie in großer Erre-
gung auf ihn zu und begrüßten ihn. Er fragte sie:
Warum streitet ihr mit ihnen? Einer aus der Men-
ge antwortete ihm: Meister, ich habe meinen Sohn
zu dir gebracht. Er ist von einem stummen Geist be-
sessen; immer wenn der Geist ihn überfällt, wirft er
ihn zu Boden und meinem Sohn tritt Schaum vor
den Mund, er knirscht mit den Zähnen und wird
starr. Ich habe schon deine Jünger gebeten, den Geist
auszutreiben, aber sie hatten nicht die Kraft dazu.
Da sagte er zu ihnen: O du ungläubige Generation!
Wie lange muss ich noch bei euch sein? Wie lange
muss ich euch noch ertragen? Bringt ihn zu mir!
Und man führte ihn herbei. Sobald der Geist Jesus
sah, zerrte er den Jungen hin und her, sodass er hin-
fiel und sich mit Schaum vor dem Mund auf dem

Boden wälzte. Jesus fragte den Vater: Wie lange hat er das schon? Der Vater antwortete: Von Kind auf; oft hat er ihn sogar ins Feuer oder ins Wasser geworfen, um ihn umzubringen. Doch wenn du kannst, hilf uns; hab Mitleid mit uns! Jesus sagte zu ihm: Wenn du kannst? Alles kann, wer glaubt. Da rief der Vater des Knaben: Ich glaube; hilf meinem Unglauben! Als Jesus sah, dass die Leute zusammenliefen, drohte er dem unreinen Geist und sagte: Ich befehle dir, du stummer und tauber Geist: Verlass ihn und kehr nicht mehr in ihn zurück! Da zerrte der Geist den Knaben hin und her und verließ ihn mit lautem Geschrei. Er lag da wie tot, sodass alle Leute sagten: Er ist gestorben. Jesus aber fasste ihn an der Hand und richtete ihn auf und er erhob sich. Jesus trat in das Haus und seine Jünger fragten ihn, als sie allein waren: Warum konnten denn wir den Dämon nicht austreiben? Er antwortete ihnen: Diese Art kann nur durch Gebet ausgetrieben werden. (Mk 9,14–29).

Jesus, du warst vom Taborerlebnis unterwegs zurück in die Niederungen des Alltags. Da kam ein Vater mit seinem Sohn, der von einem stummen Quälgeist besessen war, und bat deine Jünger um

Hilfe. Diese scheiterten. Du hattest ihnen doch erst vor ein paar Monaten die Vollmacht gegeben, Dämonen auszutreiben, Kranken mit Öl zu salben und sie gesund zu machen (Mk 6,1-13). Lag es an der Schwere der Krankheit? Die Symptome würden wir heute als Krampfanfälle eines Epileptikers einordnen: Schaum vor dem Mund, Zähneknirschen, Gliederstarre. Seit Jahren ging die Familie durch die Hölle.

Ich kam gerade aus einer anderen Welt. Vom Berg der Verklärung. Ein Stück Himmel auf der Erde. Von der Begegnung mit Moses und Elia, den Vertretern der Thora und der Propheten. Vom Dekalog und dem Doppelgebot der Liebe. Von der Weisung meines himmlischen Vaters für diese Welt: „Dies ist mein geliebter Sohn. Den sollt Ihr hören." Darum mein Zorn. Nicht nur über die Hilflosigkeit meiner Jünger dem Kranken gegenüber, die zurückgeblieben waren und den Geist nicht austreiben konnten. Wie Mose nach der Rückkehr vom Berg Sinai mit den Gebotstafeln in Händen entsetzt war über das goldene Kalb, um das sein Volk tanzte, so konnte ich die Ohnmacht derer nicht ertragen, die alle diesem bösen Geist auf den Leim gingen. Der erst stumm, dann wild wurde und schrie.

Von daher also deine scharfen Worte: „Was seid ihr nur für eine ungläubige Generation! ... „Wie lange soll ich noch bei euch sein? Wie lange soll ich euch noch ertragen?"

Ich wollte damit sagen: „Woran glaubt ihr eigentlich wirklich? Wann beginnt ihr mich und meinen Vater im Himmel endlich ernst zu nehmen?" Ich litt an den Menschen, die mich umgaben. Auch an meinen Freunden. Weil sie die Größe meines Vaters immer noch nicht erkannt hatten. Weil sie Göttern nachhingen, die es nicht wert waren: Gesellschaftliche Anerkennung, Selbstverwirklichung, Leistung. Meine Jünger meinten, heilen zu können, konnten es aber nicht. Die hämischen Schriftgelehrten und Pharisäer hielten sie für Scharlatane: „Ist ja klar. Wie der Rabbi, so die Schüler. Alles Hochstapler." Andere meinten zu wissen, warum der Junge krank war: „Fragt uns, wir sagen es euch." Ich litt mit dem Vater des Jungen.

Die Jünger wurden also um etwas gebeten, was sie nicht liefern konnten. Ging es nicht auch um die Heilung des kleingläubigen Vaters, um die Vollmachtslosigkeit deiner Jünger und um deine Vollmacht? Eine Szene von Krankheit und Gesundheit, Glaube und Unglaube, Heilung und Gebet? Der Vater war am Ende. Enttäuscht. Am Boden zerstört. Er wollte sich nicht abfinden mit der quälenden Situation seines Kindes. Das konnte er nicht. Aber er war vorsichtig geworden. Er hatte viele Enttäuschungen erlebt. Zu viele. Er hatte so schrecklich oft vergeblich gehofft. Sein Vertrauen schwand dahin. Seine verzweifelte Sehnsucht war immer noch da. Aber er schützte sich. Lieber nicht zu viel hoffen. Lieber vorsichtig sein! Wie sehr ihn die Krankheit seines Sohnes belastete, zeigte sein Aufschrei: „Wenn du kannst, hilf uns; hab Mitleid mit uns!" Du schienst ungehalten über diese Vorsicht.

Wer fragt, ob einer etwas kann, glaubt zuerst an die eigene Ohnmacht. Er macht sich klein und zum Zuschauer seines eigenen Schicksals. Fast gereizt antwortete ich: „Wenn du kannst, sagst du. Falls du überhaupt etwas kannst. Alle Dinge kann der, der glaubt." Ich wollte meine Zuwendung, meine Heilungskraft nicht wie die Gratisprobe einer Werbeaktion verschleudern. Als der Vater des Kindes mich aber dann so niedergeschlagen anblickte, erklärte ich ihm liebevoll, mitfühlend und ermutigend: „Ach, Mann, warum kannst du denn nicht mehr vertrauen? Schlimmes hast du erlebt, ich weiß!" Deshalb kümmerte ich mich zuerst um den Vater. Der litt ja seit Jahren mit seinem Kind und unter seinen Mitmenschen. Die meinten, dass ein so krankes Kind Gottes Strafe sei. Er war von Arzt zu Arzt gelaufen, von Wunderheiler zu Wunderheiler. Und dabei hatte er nicht nur eine Menge Zeit und Geld verloren, sondern auch jede Menge Hoffnung und Glauben. Nun stand er vor mir und wusste sich nicht anders zu helfen, als dagegen anzuschreien, weil er den Jungen, den er liebte, nicht aufgeben konnte: „Ich glaube, hilf meinem Unglauben!" Das war genau der richtige Satz, der die Maschen des dichten Netzes der Hoffnungslosigkeit und des Realismus weitete, mit dem er sich umgeben hatte. Mit diesem Ruf bat er um zweierlei: Um die Heilung seines Kindes und um ein Wachsen seines eigenen Vertrauens auf mich. Er hatte begriffen, wie alles in die falsche Richtung lief. Damit sagte er indirekt: „Ich weiß, dass du Recht hast. Aber es ist so schwer, damit zu leben. Mit den Selbstzweifeln, mit all dem Leid um mein Kind, mit all meiner Unvollkommenheit". Diese Demut des Mannes hat mich tief beeindruckt. Also beendete ich sein Leid. Nicht durch Zauberhandlungen, sondern durch die Kraft meiner Person, durch mein Wort und Berührungen gab ich dem Jungen und seinem Vater die Gewissheit, wieder heil zu sein. Schon deshalb, weil immer mehr Schaulustige zusammenliefen. Nicht anders als bei Unfällen bei euch heute. Nur dass damals noch niemand Videos mit dem Smartphone drehen konnte, um sie dann im Netz zu verteilen. Dass andere noch mehr leiden müssen als man selbst, das hat Menschen schon immer fasziniert. Das ist wirklich schlimm!

Deinen Jüngern musste ihr Versagen ziemlich peinlich gewesen sein, nachdem du darüber fast ausgerastet bist.

Später fragten sie mich sehr verunsichert: „Warum konnten wir ihn nicht heilen?" Ich erklärte ihnen einfach: „Diese Art der bösen Geister lässt sich nicht anders austreiben als durch Gebet." Aber es gab noch eine andere Erklärung für ihr Versagen: Sie waren bisher als Heiler zu erfolgreich gewesen, zu selbstsicher. Sie hatten sich viel auf ihre Heilungskräfte eingebildet, anstatt mich dabei um Hilfe anzurufen. Sie wussten genau, dass sie in meinem Namen helfen und heilen sollten. Dass sie meine Liebe in dieser Welt spürbar machen sollten. Und dass dies nur ging, wenn sie in meiner Kraft blieben. Deshalb musste ich ihnen sagen: „Beten hätte euch geholfen!"

Warum geschieht die Heilung nicht auch bei uns? Warum trotz aller besten Absichten. Trotz aller Mühen. Trotz allem Einsatz. Auch trotz allen Betens. Warum habe ich manchmal diese verkniffene, frustrierte Stimmung. Ich kann zwar Menschen begleiten, ihnen zuhören, aber ich kann ihr Leiden nicht beenden? Ich kann ihre Probleme nicht lösen und sie nicht mit sich selbst und anderen versöhnen? Wahrscheinlich muss ich lernen, mit meiner Begrenztheit umzugehen, ak-

zeptieren, dass Katastrophen nie ganz verhindert, Krankheiten nie ganz geheilt werden können. Absolute Lebenssicherheit wird es wohl nie geben.

Ja, du musst lernen, dass die Frage nach dem großen Warum nicht immer beantwortet werden kann. Dass ich allein den Bau-Plan des Lebens im Universum kenne. Dass der Versuch, diesen Bauplan nicht nur in Teilen zu verstehen, sondern zu entschlüsseln und umzubauen, reiner Größenwahn ist.

Schon so lange übersteigt die Epidemie Covid-19 unsere Kräfte! Keiner kann helfen. Unsere Seelen sind angeschlagen. Müde. Immer wieder haben wir gehofft. Immer wieder Enttäuschungen! So viel vergebliches Warten! Eine feindliche Umgebung. Jede Menge Menschen, die was von mir wollen. Überforderung. Dass ich an meinen Aufgaben scheitere. Dass meine Kraft nicht ausreicht. Dass ich Erwartungen nicht gerecht werden kann. Mir geht es wie deinen Jüngern, die im ehrlichen Bemühen stecken bleiben. Ich bin wie der Vater, der merkt, wie er zwischen Unglauben und Glauben aufgerieben wird. Ich bewege mich auf der Grenze zwischen Glauben und verzweifeltem Realismus. Ich lebe damit, dass Dinge sich zum Guten wenden lassen- und manche überhaupt nicht. Ich erlebe auch, dass du manchmal in offenen Momenten mein Herz voller Liebe füllst und Leben ermöglichst – und dann wieder auch nicht.

Aber es täte dir so gut, wenn du es trotzdem wagen könntest: zu vertrauen! Es ist tatsächlich die einzige Chance, die bösen Geister zu vertreiben! So heimtückisch sind sie. So unheimlich sie auch daherkommen. Sie scheinen immer die besseren Argumente zu haben. Du kennst sie: die Geister, die Leben verhindern und zerstören. Die Geister der Niedergeschlagenheit. Die Geister der düsteren Gedanken. Die Geister, die dich nicht mehr schlafen lassen. Die Geister, die dich hin und her werfen und nicht zur Ruhe kommen lassen. Die Geister, die Zweifel streuen, ob du wirklich geliebt wirst. Die Geister, die dich zu Dingen treiben, die du eigentlich gar nicht möchtest. Die Geister, die stumm machen und das Gespräch im Miteinander verhindern und damit auch das gegenseitige Verstehen. Die Geister, die dich erstarren lassen. So, dass du dich zurückziehst und allein bleibst mit dem, was deine Seele beschwert und krankmacht. Diese Geister kannst du nur im Vertrauen zu mir besiegen! Ja, vertraue, dass ich mächtiger bin als all diese bösen Geister. Dass ich dir jeden Tag das nötige Manna gebe, wenn du durch Wüsten gehst und keinen Ausweg mehr siehst. Dass ich dich halte und trage, wenn du Unsägliches erlebst und fast daran verzweifelst. Du kannst mich bitten, bei dir zu sein und dir Kraft zu schenken. Ich werde immer da sein. Ich werde dir helfen, auch wenn du es nicht merkst. Obwohl du zu einer ungläubigen Generation gehörst, die die Geschicke der Welt und des Lebens immer wieder auf verheerende Weise in die Hände nimmt und nicht mit mir reden will. Mein leidenschaftlicher, ja wütender Appell an dich besteht darin, an meine Stärke in dir zu glauben und daraus zu handeln. Mit mir kannst du zum Frieden in deiner Familie und zu dem sozialen Miteinander in deiner Stadt beitragen. Ich sehe deine Grenzen und deine Zerrissenheit mit einer Engelsgeduld und warte auf die Momente der Offenheit, in denen du meine Stimme hörst und ihr vertraust. Deinen Namen kenne ich. In und auswendig. Du gehörst zu mir.

Jesus, damit hast du genau bei mir den Punkt getroffen. Endlich kann ich dir mein ganzes Dilemma herausschreien: Ich glaube ja! Die Sehnsucht ist doch da! Die übergroße Sehnsucht danach, diese bösen Geister zu besiegen! Ich ahne doch, dass Vertrauen helfen würde! Wenn ich es nur könnte! Wenn da nur nicht diese vielen schlimmen Erfahrungen, diese vielen Enttäuschungen wären. Wie sehr wünsche ich mir, dass du es gut machst, dass du heil werden lässt, dass du das Meer teilst und ich das Land meiner Sehnsucht erreiche. Aber schon stehen die Zweifel wieder daneben. Werden stärker als alle meine Hoffnungen! Eine Ohnmacht, gegen die ich nichts tun kann. Was bleibt ist ein resigniertes Schweigen. Die Epilepsie voller Verzweiflung.

Habe keine Angst! Ich trete den Geistern entgegen. Kraftvoll und unmissverständlich: „Haut ab! Verschwindet!" Du wirst sehen, es geht. Es funktioniert. Die Geister gehen weg. Sie haben gar nicht so viel Macht, wie du denkst und wie du dir einredest. Mit mir an deiner Seite sind sie besiegbar.

Ja, ich möchte mit dem Vater des epileptischen Jungen zu dir rufen: „Jesus, ich glaube! Hilf meinem Unglauben." Ja, ich bin Teil dieser Geschichte. Hilf mir, gegen den Verlust meiner Hoffnung und meines Vertrauens anzukämpfen!

Damit öffnest du einen gewaltigen Dammbruch für ein vollkommen offenes „Dein Wille geschehe!" Damit du dich verwirklichen kannst, wie ich dich von Ewigkeit her in meinem Herzen trage: eine Lichtspur zu sein in dieser oft dunklen Welt.

DER GLAUBE EINER
AUSSENSEITERIN

*Jesus ging weg von dort und zog sich in das Gebiet
von Tyrus und Sidon zurück. Und siehe, eine kanaanäische Frau aus jener Gegend kam zu ihm und
rief: Hab Erbarmen mit mir, Herr, du Sohn Davids!
Meine Tochter wird von einem Dämon gequält. Jesus aber gab ihr keine Antwort. Da traten seine
Jünger zu ihm und baten: Schick sie fort, denn sie
schreit hinter uns her! Er antwortete: Ich bin nur zu
den verlorenen Schafen des Hauses Israel gesandt.
Doch sie kam, fiel vor ihm nieder und sagte: Herr,
hilf mir! Er erwiderte: Es ist nicht recht, das Brot
den Kindern wegzunehmen und den kleinen Hun-
den vorzuwerfen. Da entgegnete sie: Ja, Herr! Aber
selbst die kleinen Hunde essen von den Brotkrumen,
die vom Tisch ihrer Herren fallen. Darauf antwortete ihr Jesus: Frau, dein Glaube ist groß. Es soll dir
geschehen, wie du willst. Und von dieser Stunde an
war ihre Tochter geheilt (Mt 15,21-28).*

Jesus, du kamst in die Gegend von Tyrus und Sidon, also in ein fremdes Hoheitsgebiet. Die Leute hatten von dir gehört. Viele Fragen gingen ihnen durch den Kopf: Was wolltest du? Warum warst du gekommen? Was hattest du vor? Ohne Waffen. Ohne Bodyguards. Nur in der Kraft deiner Persönlichkeit. Wie gab es so etwas? Was war das für ein Mensch? Uneingeladen und unverhofft. Herr oder Befreier? Nun wurdest du von dem, was da auf dich zukam, völlig überrascht. Denn in dieser scheinbar verlassenen Gegend tauchte plötzlich eine Frau auf der Bildfläche auf. Sie war wohl alleinerziehend, ihre Tochter schwerkrank. Sie blieb nicht zuhause sitzen und wartete, dass du vielleicht eines Tages an ihrer Tür vorübergingst. Sie verließ ihr Haus, ihr Dorf, ihre vertraute Umgebung. Während sie sich als heidnische Frau auf den Weg zu einem jüdischen Mann machte, ging sie in ihrer Verzweiflung ein gewaltiges Risiko ein: Sie ließ ihre leidende Tochter allein zuhause zurück, setzte sich über Vorurteile und Abneigungen ihrer Landsleute gegen das benachbarte Volk hinweg und riskierte eine brüske Zurechtweisung. Das alles nur, weil sie gehört hatte, dass es da einen gab, der erstaunlich vielen Menschen half und auch sonst das Potenzial zu haben schien, Leben zu verändern. Sie sah in dir eine letzte Chance. Als sie dich erblickte, schrie sie mit aller Verzweiflung, weil sie es nicht mehr aushielt, dass ihre Tochter so leiden musste und niemand ihr helfen konnte: „Ach Herr, du Sohn Davids, erbarme dich meiner! Meine Tochter wird von einem bösen Geist übel geplagt!" Ich hätte jetzt in dir den hilfsbereiten Gottessohn vermutet, um der Frau zu Hilfe zu eilten. Aber nichts dergleichen. Im Gegenteil! Du schwiegst und liefst eiskalt an ihr vorüber. Das schmerzt mich richtig. Wieso verweigertest du dich? Eine Geschichte, die mir eine Welt voller Gegensätze sehen lässt. Eine abgeschlossene Welt, wo die Menschen voller Skepsis über ihre Grenzen sahen: Aus dem Ausland konnte doch nichts Gutes kommen! Hier eine Heidin, dort ein Jude. Das Heil des Gottes Israels für Ausländer? Kaum vorstellbar. Hier eine Frau, dort ein Mann. Auch noch inmitten einer Männergruppe. Hier eine Schreiende, dort ein Schweigender. Hier eine Bittende, dort ein Abweisender. Wie konnte es sein, dass dich das Leid dieser Frau nicht anrührte? Warum reagiertest du gar nicht? Dieses dein Verstummen und Schweigen angesichts der Not dieser Frau kann ich kaum aushalten! Es ist schon schwer, Menschen zu erleben, die so schnell dichtmachen. Die den Schmerz, die Not von anderen so gar nicht an sich ran lassen nach dem Motto: „Was geht mich das an?" Aber du, Jesus, der als Sohn Gottes in seinen Worten, in seinem Handeln die Liebe des Allmächtigen vergegenwärtigte. Deine heilende Nähe wurde doch so oft spürbar, wenn du mit Menschen sprachst. Und hier? Warum verweigertest du ihr das Gespräch. Warum? Dieses dein Verhalten kratzt an meinem Jesusbild. Oder fühltest du dich etwa in deiner Ruhe gestört?

Auf keinen Fall. Der Grund meines Verhaltens war ein ganz anderer. Mit diesem Land der Götter und Dämonen, mit diesem unheiligen Land, wollte ich zunächst nichts zu tun haben. Deshalb machte ich ganz deutlich: „Ich bin nur gesandt zu den verlorenen Schafen vom Hause Israel!" Meine Landsleute, die Juden, brachten ihren Glauben mit an den einen Gott, der Himmel und Erde und alle Menschen geschaffen hat. Ihm verdankten sie ihre Befreiung aus der Sklaverei. Im Land Kanaan dagegen gab es sehr viele Gottheiten, die bedient werden mussten. Bei denen ging es um Fruchtbarkeit und Wachstum, um Reichtum und Macht. Diesen Götzen musste viel geopfert werden. Lebenszeit und Geld. Ich wollte nicht als einer von ihnen angesehen werden. Doch das „Kyrie, eleison" der Frau – Herr, erbarme Dich! – war keine starre liturgische Formel. Ihr „Kyrie, eleison" war existenziell gefüllt und ließ keinen Zweifel daran, dass sie sich sicher war: „Von Dir, Jesus, kommt meine Hilfe! Muss sie kommen!" Die Frau vermochte ihren Glauben unüberhörbar klar auszudrücken: Sie sprach mich als den an, der ich bin: Sohn Davids – Messias der Juden – Gesalbter Gottes – eben nicht als Wunderdoktor.

Du nanntest die Menschen aus Israel „Kinder Gottes". Das junge Mädchen und ihre Mutter, waren die nicht auch Geschöpfe Gottes? Hat Gottvater nicht alle Menschen ins Dasein gerufen? Ist nicht jeder Mensch nur wenig niedriger gemacht als Gott, wie es im Psalm 8 heißt? Wenn du als Gottessohn Mensch geworden bist, dann doch für alle, um die Menschlichkeit Gottes konkret spürbar werden zu lassen? Die Frau musste doch augenblicklich begriffen haben, was deine Worte im Klartext für sie bedeuteten: Dein Gott ist gut, aber

er ist mir nicht gut. Du bist wohl der Sohn Davids, der Messias, aber nicht für mich. Ihre Hoffnung fiel in ein dunkles Loch. So schnell, wie sie wohl dachte, wurde ihr Vertrauen in dich nicht bestätigt. Eine harte Probe für ihren Glauben. Ich kenne so etwas aus eigener Erfahrung. Dein Schweigen ist manchmal die größte Belastungsprobe für meinen Glauben. Was gab ihr die unvorstellbare Kraft, diesem erschütternden Wort aus deinem Mund standzuhalten?

Es war das Ziel, das sie vor Augen hatte. Dieses große Ziel, an dem ihr ganzes Herz hing und das sie nicht aufgeben konnte, ohne sich selbst aufzugeben. Denn wer immer nur schluckt, nie herauskommt mit der Sprache, dem läuft irgendwann die Galle über. Dem wird irgendwann die Seele finster. Ganz anders bei dieser Frau. Der Leidensdruck, den sie mit der Krankheit ihrer Tochter verband, war wesentlich stärker als ihre Enttäuschung über meine Verweigerung. So begann sie zu kämpfen. Sie versuchte das Mögliche und sie setzte alles daran, mich für sich zu gewinnen. „Herr, hilf mir!" bat sie erneut. Wiederum verlor die Frau keine Sekunde ihr Ziel aus dem Blick: Das Wohlergehen ihrer Tochter. Sie hatte keine

Alternative. Und dieses absolute Muss ließ sie bis zum Beweis des Gegenteils unbeirrbar daran festhalten: Dieser Mensch hier kann mir helfen. Solange er nicht ausdrücklich sagt: Ich kann dir nicht helfen, sondern mir zu verstehen gibt: Ich will es nicht, solange habe ich noch eine Chance, ihn zu überzeugen, solange werde ich mein Vertrauen in seine Kraft nicht wegwerfen.

Angesichts ihrer Aufdringlichkeit wurde deinen Jüngern die Situation offenbar megapeinlich: „Jesus, tu' was! Diese Frau geht uns auf die Nerven!" Sie hielten das nicht mehr aus mit ihr und bedrängten dich: „Schick sie fort, denn sie schreit hinter uns her!" Dabei ging es ihnen mehr um ihre Ruhe als um die Frau. Diese wusste, dass nun alles auf dem Spiel stand: wenn du jetzt nicht helfen würdest, waren sie und ihr Kind verloren. Darum warf sie sich vor dir nieder und schrie noch einmal ganz entsetzlich: „Herr, hilf mir!" Aber du wurdest nur noch härter: „Es ist nicht recht, dass man den Kindern ihr Brot nimmt und wirft es vor die Hunde!" Ich kann es nicht fassen. „Hunde!" hast du gesagt! Diese dritte Probe musste für die Frau nur schwer verdaulich gewesen sein; denn

der Vergleich mit einem Hund bedeutete in der Antike eine Demütigung ohnegleichen. Trotzdem ließ sie sich nicht abweisen. Sie wurde laut, blieb hartnäckig, warf sich zu Boden. Sie „hündelte", steht da im griechischen Urtext.

Aber höre mir mal jetzt gut zu! Diese meine Worte vernichteten die Frau nicht, sondern halfen ihr. Sie machten ihr deutlich, in welcher Szene sie sich mit ihrem Kind befand. Auf dem Höhepunkt der Dramatik wurde die aufgelöste Mutter plötzlich ganz einsichtig. „Ja, Herr", schrie sie. „Ja, Jesus, du hast recht: Ich habe keinen Anspruch auf deine Hilfe. Du musst mir nicht helfen. Es ist nicht deine Pflicht. Im Gegenteil, es ist dein Recht, Gottessohn, an mir vorüberzugehen. Aber es fällt doch immer etwas ab, wo Gott den Tisch deckt. Es reicht doch für alle". Ihr Glaube an meine Barmherzigkeit war so groß. Größer als meine anfängliche Ablehnung: „Ein Brotkrümel reicht. Auch für mich, und meine Tochter. Er ist groß genug für mich. Den kannst du mir doch nicht abschlagen, oder?"

Indem die Frau dich mit deinen eigenen Worten „fing", gelang es ihr offenbar, etwas bei dir zu verändern.

Ja, ich ließ mich bewegen. Darin besteht die große Hoffnung eines jeden Gebetes, so lange diese Welt sich dreht: ich lasse mich bewegen. Von dem Schrei eines Menschen. Laut oder erstickt. Voller Wut oder verzweifelt. Zerschlagen oder froh.

Die Antwort der Frau hat mich deswegen so beeindruckt, weil wir Christen in Deutschland und Europa mittlerweile vielfach unterschwellig von etwas ausgehen: weil wir dich als Gottessohn anerkennen, ist es deine verdammte Pflicht und Schuldigkeit, unser Leben mit ausreichender Liebe, Vergebung, Gesundheit und Glück auszustatten. Dass wir diesen Anspruch tatsächlich ganz selbstverständlich stellen, merken wir immer dann, wenn etwas davon ausbleibt. Dann werden wir ärgerlich, wütend oder beleidigt, weil du nicht lieferst. Wir hadern und machen dir Vorhaltungen: Wie kannst du nur?! Wolfgang Borchert schreibt in seinem Drama „Draußen vor der Tür": „Ach, du bist alt, Gott, du bist unmodern. Du

kommst mit unseren langen Listen von Toten und Ängsten nicht mehr mit. Wir kennen dich nicht mehr so recht. Du bist ein Märchenbuchliebergott. Wir haben dich gerufen. Gott! Wir haben nach dir gebrüllt, geweint, geflucht! Wo warst du da, lieber Gott? Wo bist du heute Abend? Hast du dich von uns gewandt? Hast du dich ganz in deine schönen alten Kirchen eingemauert, Gott? Hörst du unser Geschrei nicht durch die zerklirrten Fenster, Gott? Wo bist du?" Diese Gottesenttäuschung erleben auch die Menschen von heute. So viele auf der Flucht vor Krieg und Armut. Immer mehr ohne Lebensperspektiven verlieren ihre Lebensfreude. Immer mehr Kinder, deren Schulen wegen der Corona-Epidemie geschlossen sind.

So menschlich wie ich bin, der Messias Gottes, so menschnah ist auch mein himmlischer Vater. Er schuf euch nach seinem Bild! Er pflegt eine Liebesbeziehung zu euch. Ihr würdet gut daran tun, das zu erkennen und zu erwidern. Eine Liebesbeziehung rechnet mit einem Gegenüber, das quicklebendig ist. Nicht mit einem schwerhörigen Greis mit meterlangem Bart, der unbeweglich auf einer Wolke im zwölften Himmel thront. Der sich einmauert in schönen alten Kirchen. Das bedeutet, dass Gott-Vater sich anrühren und umstimmen lässt. So wie bei Abraham, der mit ihm um das Leben der Menschen von Sodom feilschte. Und wie bei dieser Kanaanäerin, die sich nicht abwimmeln und vom Heil ausschließen ließ, sondern Erbarmen bei mir suchte und fand. Euer Glaube hat nichts mit irgendwelchen Bilderbuchlegenden zu tun. Eingeschlossen hinter Kloster- oder Kirchenmauern. Euer Glaube hat es mit dem Leben zu tun. So wie es ist. Mit einer Welt, die so wunderschön ist, dass euch der Atem stockt. Aber auch mit Tagen, Wochen oder Jahren, die euch den Schlaf rauben und die letzte Lebenskraft nehmen.

Jesus, das heißt, ich kann also zu dir kommen, wie ich will. Auch mit Zorn und Trauer. Mit Glaubenszweifeln und Anklagen. Ich muss mich nicht mit den so genannten Realitäten abfinden. Ich darf damit rechnen, dass du alles kannst. Deshalb werde ich nie aufhören, dich an deine Möglichkeiten zu erinnern, so wie die Kanaanäerin es tat. Auch wenn du diese Erinnerung nicht nötig

hast, auch wenn du weitersiehst als ich je sehen kann. **Auch wenn du anders entscheidest als ich es gerade möchte.**

Diese kanaanäische Frau begriff etwas davon, was göttliche Gnade ist. Ihre Hoffnung bestand darin, dass meine Liebe sich nicht von Grenzen abhalten lässt. Auch nicht von nationalen oder von religiösen Grenzen. Auch die, die eigentlich nicht dazu gehören, wie die Hunde, können satt werden. Die Frau rannte mir die Tür ein mit ihrer Beharrlichkeit. Sie spannte den Bogen bis zum Äußersten.

Aber der Pfeil erreicht sein Ziel nur dann, wenn der Schütze im richtigen Moment loslässt.

So wie die Frau es tat. „Ja, Herr", sprach sie – und in diesem Ja liefert sie sich mir aus. Ohne Vorbehalt. Sie ließ ihr Ziel los. Aber sie gab nicht auf. Deshalb legte sie in dieses Ja zugleich auch ihr grenzenloses Vertrauen, dass ich mich ihrer erbarmen werde. So wie sich Menschen der Hunde erbarmen und ihnen die Krümel geben, die bei Tisch abfallen. Diese Frau machte noch etwas deutlich: die ganze Kreatur lebt von dem Reichtum meines Vaters. Damit hatte sie ein Tor aufgestoßen und etwas in Bewegung gesetzt, was über sie und ihres Kindes Not hinaus Rettung brachte.

Könnte man sagen, dass diese Phönizierin mit ihrem Elend und durch ihr Elend für uns und für alle Völker so etwas wie ein nachahmenswertes Vorbild eines Menschen mit einem großen Glauben geworden ist? Frei nach dem Motto: Tue erst das Nötige, dann das Mögliche und schließlich schaffst du das Unmögliche mit Erfolg? Ein „Verhandlungserfolg" der Frau und eine „Niederlage" von dir, wenn ich so sagen darf. Da du dich von der Beharrlichkeit und den Argumenten einer heidnischen Frau überwinden hast lassen.

Diese Frau war in der Tat wie eine „Mutter des Glaubens" geworden mit ihrer grenzenlosen Liebe zu ihrer Tochter und mit ihrer grenzenlosen Erwartung mir gegenüber. Ihre Hoffnung war stärker als ihre Ängstlichkeit, in ihrer Ohnmacht nichts erreichen zu können. Sie hatte ein klares Ziel. Sie wusste genau, was sie wollte. Viele Menschen wissen sehr genau, was sie nicht wollen. Aber es fällt ihnen schwer, ihre Ziele positiv zu formulieren wie diese Frau. Sie wünschte sich nicht, dass ihre Tochter nicht mehr so krank sei. Nein, sie wollte ihre völlige Gesundheit. Uneingeschränkt. Ohne Abstriche. Sie war davon überzeugt, dass ich nicht kleinlich, missgünstig war, sondern großzügig. Weil ich jedem Menschen ein erfülltes, glückliches und gesundes Leben gönne und zugedacht habe. In diesem Vertrauen wurde sie aktiv und tat, was in ihrer Macht stand, um ihr Ziel zu erreichen.

Außerdem hat sie das Tor meines Evangeliums für alle Völker aufgestoßen und somit die Größe dieser Stunde gezeigt. Mit ihr und neben ihr standen die Heidenvölker vor der Tür und warteten auf mich, dass ich sie von ihren Fesseln befreite. Ich war von ihr regelrecht ergriffen. Deshalb sagte ich zu ihr: „Frau, dein Glaube ist groß. Dir geschehe wie du willst!" Und ihre Tochter wurde zu derselben Stunde gesund.

GLAUBE EINES GELÄHMTEN

Als er nach einigen Tagen wieder nach Kafarnaum hineinging, wurde bekannt, dass er im Hause war. Und es versammelten sich so viele Menschen, dass nicht einmal mehr vor der Tür Platz war; und er verkündete ihnen das Wort. Da brachte man einen Gelähmten zu ihm, von vier Männern getragen. Weil sie ihn aber wegen der vielen Leute nicht bis zu Jesus bringen konnten, deckten sie dort, wo Jesus war, das Dach ab, schlugen die Decke durch und ließen den Gelähmten auf seiner Liege durch die Öffnung hinab. Als Jesus ihren Glauben sah, sagte er zu dem Gelähmten: Mein Sohn, deine Sünden sind dir vergeben! Einige Schriftgelehrte aber, die dort saßen, dachten in ihrem Herzen: Wie kann dieser Mensch so reden? Er lästert Gott. Wer kann Sünden vergeben außer dem einen Gott? Jesus erkannte sogleich in seinem Geist, dass sie so bei sich dachten, und sagte zu ihnen: Was für Gedanken habt ihr in euren Herzen? Was ist leichter, zu dem Gelähmten zu sagen: Deine Sünden sind dir vergeben! oder zu sagen: Steh auf, nimm deine Liege und geh umher? Damit

ihr aber erkennt, dass der Menschensohn die Voll-
macht hat, auf der Erde Sünden zu vergeben – sagte
er zu dem Gelähmten: Ich sage dir: Steh auf, nimm
deine Liege und geh nach Hause! Er stand sofort auf,
nahm seine Liege und ging vor aller Augen weg. Da
gerieten alle in Staunen; sie priesen Gott und sagten:
So etwas haben wir noch nie gesehen (Mk2,1-12).

Jesus, nach einigen Tagen kamst du wieder nach Kafarnaum, ein Fischerstädtchen im Norden Israels. Als Dorf des Nahum ist es bekannt. Schaut man im Hebräischen jedoch genauer hin, bietet sich noch eine tiefere Bedeutung an: „Stadt voller Mitgefühl, Trost, Barmherzigkeit." Es sprach sich schnell herum, dass du dich im Haus der Schwiegermutter des Petrus aufhieltst. Diese vier Männer erfuhren davon und wollten dich, den berühmten Lehrer natürlich hören. Ich kann mir gut vorstellen, wie sie sich unterhalten haben: „Wir können nicht einfach alleine hingehen. Wir müssen unseren Freund mitbringen. Das könnte ihm Mut machen. Vielleicht sind diese Dinge ja wahr, die man über Jesus erzählt. Wenn er unseren Freund heilen könnte! Wir müssen ihn hinbringen! Auf die Matte, fertig, los!" Logistisch nicht ganz einfach.

Aber Freunde tun so was. Sie dienen einander. Sie holten den Kranken ab und brachten ihn zu dem Haus, wo du lehrtest. Aber es war vollgestopft mit Menschen. Alle stürzten sich auf dich wie ein Bienenschwarm. Sie deckten dich mit Leid und Lasten zu. Weil sie begriffen hatten, welch heilende Wirkung von dir ausging. Viele Kranke und Sterbende fühlten sich einsam und ausgegrenzt. Nicht auf eigenen Füßen stehen können, auf Hilfe angewiesen, war das Schicksal dieses Gelähmten. Immer mehr Leute strömten zusammen, sodass es keinen Platz mehr gab. Nicht einmal vor der Tür. Die Hilfe suchenden traten sich gegenseitig auf die Füße. Es gab nur noch Stehplätze. Auch diese nur noch draußen vor der Tür. Du warst so nah, aber die vier Männer kamen nicht an dich heran. Damit hatten sie nicht gerechnet. Die Menschenmenge, die sich im Haus und draußen angesammelt hatte, bildete eine undurchdringliche Mauer. Keine Chance durchzukommen. Aufgeben und wieder umkehren? Sie waren so begeistert aufgebrochen. Und nun das. Plötzlich hatte einer von ihnen eine Idee: „Hey, Jungs! Wie wär's, wenn wir ein Loch ins Dach machen und ihn ins Haus herablassen?" Den Männern war klar, dass dies ein ausgesprochen unorthodoxer Weg war, um einen Raum zu betreten. Aber sie wollten unbedingt zu dir. Also organisierten sie ein paar Seile, um die Matte vom Dach lassen zu können. Dann stürmten sie nach oben. Die Häuser hatten damals Außentreppen; denn die Dächer wurden als Terrassen genutzt. So machten sie sich ans Werk. Da gab es keine Ziegel abzudecken, sondern Schilfmatten, die mit Zweigen und getrockneten Lehm verbunden waren. Die vier Freunde sagten nichts. Sie handelten. Sie bildeten eine tragfähige Gemeinschaft. Voller Phantasie und Kreativität. Eine neue Öffnung schaffen, wenn die andere blockiert ist. Sie vertrauten darauf, dass es Hilfe aus dieser Lähmung gab, und dass die Heilung durch die Kontaktaufnahme mit dir geschah. Ohne weitere Erklärung ließen sie den Kranken auf seiner Trage nach unten. Eine Störung in deiner Unterweisung!! Eigentlich unerhört! Und Sachbeschädigung obendrein. Wie sahst du die Situation?

Ich sah ein großes Loch in der Decke. Vier Gesichter darin. Staubig, verschwitzt, ängstlich, hoffnungsvoll. Und jetzt schwebte doch tatsächlich ein Bündel, gehalten von vier Seilen, zu Boden. In diesem Bündel lag ein Mann. Ein Kranker auf einer Matratze. Die Seile entspannten sich und fielen zu Boden. Der Mann auf der Matte lag seltsam gekrümmt da. Er war gelähmt und rührte sich nicht vom Fleck. Ich sah die vier Männer, die sich voll und ganz für das Wohlergehen eines Mitmenschen einsetzten. Diese vier hatten es mir angetan. Die sich darum kümmerten, dass einer wieder gesund wurde. Ich sah ihren Glauben. So herausfordernd und zugleich ganz praktisch. Eine Kraft, dem Leben zugewandt. Ein Streben nach solidarischer Gemeinschaft mit mir. Ich sah die zerbrochene Seele in dem bewegungslosen Körper des Gelähmten und sprach das erlösende Wort: „Mein Sohn, deine Sünden sind dir vergeben."

Das war eine Anrede voller Zärtlichkeit und Liebe. Du hättest ja auch genervt sein können, da plötzlich einer von oben einschwebte und alle Aufmerksamkeit auf sich zog. Nicht nur liebevoll redetest du ihn an, sondern direkt. Fast indiskret. Auf die eigenen Sünden angesprochen zu werden – und das vor allen Leuten – ist heikel. Unversehens geriet der Gelähmte auf den heißen Stuhl. Es ging um seine Sünden. Vielleicht um Versäumtes und Unterlassenes. Um Schuld. Die Leute hatten

es ihm wohl immer wieder eingeredet: Die Krankheit ist Ausdruck deiner Sünden! Wie viele schlaflose Nächte hatte es ihn gequält: Was habe ich getan, dass mich das Leben so bedrückt? Habe ich nicht gesund genug gelebt, nicht genug Gutes getan? Ist es womöglich, weil ich Gott in meiner Wut für all das verantwortlich gemacht habe? Schuldgefühle, die sich lähmend auf seine Seele legten.

Mein Akzent lag auf der Vergebung seiner Schuld: Es ist wieder gut. Atme auf! Werde frei! Was immer dich festhält, jetzt kann es von dir abfallen. Der Gelähmte wurde heil, fand Frieden mit sich und seinem Gott. Ein wichtiger Schritt auf dem Weg in die eigene Freiheit. Wenn ich ihm als Erstes die Sünden vergab, dann nicht, weil ich dachte, der Mann sei selber schuld an seiner Krankheit. Vielmehr machte ich ihm eines deutlich: In den Augen meines himmlischen Vaters hast du keine Schuld an deinem Leiden. Du kannst deine Lähmungen ablegen und darfst deine Rolle im Leben neu finden. Das Wort „Vergebung" hat die ursprüngliche Bedeutung von „Tragen", „Mittragen". So enthielten meine Worte noch eine weitere Aussage: dein Lebensschicksal ist getragen, aufgehoben, von mir. Was immer dir schlaflose Nächte bereitet hat, was auch immer die Leute dir gesagt haben, wofür auch immer du meinst schuldig geworden zu sein: Es ist vergeben. Mein himmlischer Vater hat dich in diesem Moment angenommen, auch wenn du dich selbst gerade nicht annehmen kannst!

Schuld, die nicht vergeben ist, nagt auch an mir. Schuld, die ich getan habe, Schuld, die an mir verübt wurde, legt sich unsichtbar und schwer auf mein Gemüt. Da ist es plötzlich dunkel um mich herum. Die Situation verfahren. Keine Lösung in Sicht. Wie heilsam sind da Worte, die wie Lichtstrahlen in das Dunkel der Gedanken scheinen. Worte von Menschen, die für mich glauben, wenn ich es gerade selbst nicht kann. Menschen, die gerade einen festen Stand haben. Das sind Rettungsinseln der Hoffnung, wenn ich im Meer der Verzweiflung treibe. Da brauche ich jemanden, der mir sagt: Steh auf! Worte, die aufrichten, wenn mein eigenes Leben mich bedrückt. Solche Freunde wünsche ich mir, Freunde, wie sie der Gelähmte hatte: Freunde, für die ich nicht nur interessant bin, wenn es mir gut geht. Freunde, die mich nicht im Stich lassen, wenn ich krank werde. Freunde, die sich etwas einfallen lassen, um mir wieder auf die Beine zu helfen. Freunde, die Phantasie und Geschick aufbieten, wenn es gilt, einen guten Arzt für mich zu finden. Freunde, die mit anpacken, wenn ich selber schwach und hilflos bin. Freunde, die sich nicht entmutigen lassen. Freunde, die für mich mithoffen, wenn ich verzweifelt bin. Freunde, die für mich mitglauben, wenn ich nicht mehr glauben kann. Freunde, die dich kennen und mich vor deine Füße legen.

Die Lähmung dieses Menschen steht gleichsam symbolisch auch für das, was dich lähmt: fehlende Anerkennung. Zu wenig Schlaf. Leistungsdruck. Schuldgefühle. Krankheit. Streit. Längst Vergangenes. Brandaktuelles. Du fühlst dich an manchen Tagen gelähmt, wenn dir Hass und Ausgrenzung begegnen. Vergib und Tröste! Sprich dir und anderen, die dir weh getan haben, Vergebung zu. Dann wirst du erleben, wie sich deine Lähmung löst und Licht ins Dunkel deiner Selbstverstrickung fällt.

In der Menge waren auch einige Schriftgelehrte. Ein theologischer Skandal bahnte sich an: Was machte dieser Jesus da? Du sahst ihren Gesichtern an, wie empört sie waren und sprachst es aus, was sie in ihren Herzen dachten: „Wie redet der so? Er lästert Gott! Wer kann Sünden vergeben als Gott allein".

Die Schriftgelehrten – wir ihr Name schon sagt – waren überaus gut vertraut mit der Heiligen Schrift des Volkes Israel. Sie wussten nur zu genau, dass nach allgemeinem jüdischem Religionsverständnis nur Gott allein Schuld und Sünden vergeben kann. Daher war das, was ich sagte, für sie ein schwerwiegender Verstoß gegen die religiösen Gesetze, eine ungeheuerliche Gotteslästerung. Für sie galt: durch Buße zum Heil. Ich stellte diese Regel auf den Kopf. Bei mir galt etwas anderes: Weil mein himmlischer Vater durch mich zum Menschen kommt, darum darf und kann der Mensch zu ihm kommen. Ohne Vorleistungen.

Du konfrontiertest nun die Schriftgelehrten mit ihrem eigenen Denken und fragtest sie nach ihrem Urteil: „Was ist leichter, zu dem Gelähmten zu sagen: Dir sind deine Sünden vergeben, oder zu sagen: Steh auf, nimm dein Bett und geh umher?" Ich stelle mir jetzt vor, dass es ganz still geworden war im Haus des Petrus. Man hätte eine Nadel fallen hören. Die Schriftgelehrten sahen dich an und sagten kein Wort.

Da ergriff ich erneut die Initiative und bewies meine Gottes-Sohnschaft mit einem Zeichen: „Damit ihr aber wisst, dass der Menschensohn Vollmacht hat, Sünden zu vergeben auf Erden, sage ich zu dem Gelähmten: Steh auf, hebe dein Bett auf und geh heim!"

Das waren Gottesworte voll schöpferischer Energie!

Damit verlieh ich dem Kranken, der immer nur als gelähmt, unbeweglich, gefangen gesehen wurde, einen neuen, aufrechten Gang in Würde. Der Gelähmte trug nun selbst seine Trage. Im wörtlichen Sinn konnte er jetzt seine Lage selbst in die Hand nehmen.

Der Mann musste doch total aus der Fassung geraten sein. Etwas Neues begann in ihm Raum zu gewinnen, das ihn belebte und in Bewegung brachte. Hier auf dem Boden. Zu deinen Füßen. Ich stelle mir vor, wie du dich zu ihm herunterbeugtest. Du sahst ihm ins Gesicht. Ganz nahe. In deinen Augen strahlte so viel Liebe, dass es in ihm ganz warm wurde. Er spürte, wie sich in seinem Inneren etwas löste, sich Bahn brach. Dann, deine nächsten Worte fuhren ihm durch Mark und Bein: „Steh auf, nimm dein Bett und geh heim!" Und er stand auf. Fassungslos. Sprachlos. Nur langsam begann er zu begreifen. Ein Wunder war geschehen. Noch etwas unsicher auf den Beinen, hob er seine Matte auf. Er rollt sie zusammen. Er war sie losgeworden! Sein ganzes Leben hatte er auf diesem Ding verbracht. Ab heute bestand seine Welt nicht mehr aus 1×2 Metern, sondern soweit ihn seine Füße trugen. Nicht nur sein Körper wurde geheilt. Auch sein Herz, seine Seele. Er, der die ganze Zeit passiv war, ließ sein krankes Leben hinter sich. Ohne Hilfe. Schritt für Schritt. Nahm sein gesundes Leben in die Hand. Jetzt konnte er sogar seine Freunde hinter sich lassen. Das Netz, das ihn getragen hatte, konnte er ablegen. Die Menschen im Raum und draußen verloren ihre Fassung: „Sie alle waren entsetzt, priesen Gott und sprachen: Wir haben so etwas noch nie gesehen." Vermutlich waren auch die Schriftgelehrten außer sich vor Verwunderung und fanden nur langsam ihre Sprache wieder, um Gott zu loben. Wie gerne möchte ich zu den „vier Freunden" gehören, deren Glaube in solch positiver Weise Schlagzeilen macht! Einmal im Leben ein solches Bett herunterlassen ...

Damit dies möglich ist, musst du dich nicht wundern, mit anpacken zu müssen. Also nicht bloß herumstehen, ratlos auf deine beiden linke Hände zeigen oder große Reden schwingen. Dabei wäre Hinsehen schon viel, statt Weggucken. Nicht gleich resignieren und weitergehen, als sei nichts gewesen. Mitleid kann ein erster Schritt sein. Kein Gedöns. Kein Palaver. Mitfühlen. Anpacken.

Es wird auch in meinem persönlichen Leben immer wieder Dinge geben, die mich lähmen und einengen. Ich habe den Eindruck, dass jeder von uns eine Matte hat. Sie ist ein Bild für die menschliche Zerbrochenheit, Unvollkommenheit. Wir sind ‚nicht normal', auch wenn wir das gerne wären.

Aber wenn ihr einander erlaubt, eure Matten zu sehen, wenn ihr voneinander Hilfe annehmt, wird Heilung möglich.

Vielleicht ist meine Matte mein Temperament. Ich verletze damit sogar diejenigen Menschen, die ich am meisten mag. Gehässige Worte kommen über meine Lippen. Meine Stimme wird laut. Ich hasse diese Art und Weise, wie Ärger aus mir herausströmt. Aber ich spüre, dass ich ihn nicht zurückhalten kann. Ich muss alles unter Kontrolle haben. Ich versuche krampfhaft so zu tun, als hätte ich keine Matte. Ich möchte vor Kraft, Energie und Lebensfreude strotzen mit dem Ziel, meine Zerbrochenheit vor den Augen der anderen zu verbergen. Ich stelle mir jetzt einen Augenblick lang vor, ich sei der Mann auf der Matte. Ich soll gleich durch das Dach ins Haus herabgelassen werden. Sofort drängen sich mir Fragen auf: Hat jemand überhaupt die Seile überprüft? Wie wird sich die Menschenmenge mir gegenüber verhalten? Und was ist, wenn du dich gerade bei einem wichtigen Punkt in deiner Predigt befindest und nicht unterbrochen werden willst? Oder wenn sich herausstellt, dass du mir überhaupt nicht helfen kannst? Wenn ich einfach so wieder nach oben befördert werden muss? Ich liege auf meiner Matte und denke über all diese Gefahren nach. Ich muss eine Entscheidung treffen:

Wenn ich durch das Dach ins Haus gelassen werden, könnte ich fallen gelassen, ausgelacht oder zurückgewiesen werden. Andererseits: Wenn ich nicht nach unten befördert werde, dann gibt es bestimmt auch keine Heilung. Dann hätte ich diese einmalige Chance verpasst. Also will ich mir dir bedingungslos anvertrauen.

Deshalb sage ich auch zu dir: Steh auf! Es wird sich lösen, was dich blockiert. Immer wieder frei werden. Neu anfangen und andere mit deiner Zuversicht anstecken. Jeden Tag deines Lebens. Dazu wünsche ich dir ein Glaube, der auf völlig unkonventionelle, phantasievolle und kreative Weise die Flachdächer deiner Behaglichkeit aufdeckt und Löcher durch den mehr oder weniger robusten „Putz" deiner eingerichteten Welt gräbt. Du wirst sehen, was Liebe alles vermag. Sie ist meine Kraft. Eine Vollmacht, über die ich verfüge und die ich dir anvertraue.

GLAUBE DER ZWEI ODER DREI

Weiter sage ich euch: Was auch immer zwei von euch auf Erden einmütig erbitten, werden sie von meinem himmlischen Vater erhalten. Denn wo zwei oder drei in meinem Namen versammelt sind, da bin ich mitten unter ihnen (Mt18,19-20).

Jesus, bedeutet diese Verheißung, dass ich im Gebet alle Wünsche erfüllt bekomme? Vorausgesetzt, dass ich mit zwei oder drei Personen in deinem Namen zusammenkomme?

Das meine ich nicht. Denn das wäre Verfügungsgewalt über meine göttliche Kraft, indem du vorgeschriebene Verhaltensregeln einhältst. Ich meine genau das Gegenteil: dass du alle deine Wünsche meiner Verfügungsgewalt anvertraust in dem Bewusstsein, dass ich allein weiß, was das Beste für dich ist. Dies ist die Voraussetzung dafür, dass deine Gebete wirksam werden.

Da du alle Macht im Himmel und auf Erden besitzt und dass alles zuletzt von dir abhängt, besteht dann nicht die Gefahr, dass ich in Passivität verfalle?

Passivität ist keine Rechtfertigung für Menschen, die wissen, wie sehr sie auf mich angewiesen sind. Der Apostel Paulus war absolut davon überzeugt, dass alles von meiner Gnade abhängt. Gleichzeitig könnte man ihn heute als „Workaholic" bezeichnen, da meine Gnade in ihm unermesslich viel Kraft und Energie freigesetzt hatte. Jede Bitte soll im vertrauensvollen Gespräch mit mir eingebettet sein. Mein Ziel ist immer, dich näher zu mir zu führen. Jede Bitte hängt daran, dass du mir glaubst und mit meiner Macht rechnest. Die Frage ist nur, ob du auch bereit bist, meine Antworten zu hören.

Wird das Gebet der „zwei oder drei" eher erhört als wenn ich allein bete? Bekommt eine gemeinsame Bitte bei dir mehr Gewicht? Handelst du anders, wenn viele beten? Gibt es einen Unterschied zwischen meinem persönlichen Gespräch mit dir und der gemeinsamen Bitte?

Bei dem Satz „Wenn zwei unter euch eins werden" steht im griechischen Urtext „symphoneo". Das hat etwas mit Symphonie zu tun und bedeutet wörtlich übersetzt „übereinstimmen, zusammenklingen". Da übertönt nicht einer den anderen, sondern es klingt im Miteinander. Zwar mit unterschiedlichen Tönen, aber im gleichen Akkord.

In der Musik erlebe ich aber auch, wie sich Wohlklang entwickelt und wieder in Spannungen hineinführt, wie sich Konsonanz und Dissonanz abwechseln. Ähnlich verhält es sich auch in unserem täglichen Leben. Oft überwiegen die Dissonanzen: die Liebe misslingt, schlägt um, verkehrt sich ins Gegenteil. Verfehlungen werden eher vertuscht oder schöngeredet. Menschen werden weggelobt oder mit hohen Summen Geldes abgefunden, damit man sie loswird. Unlösbare Konflikte haben destruktive Folgen: Dauerstreit zwischen Eltern und Kindern, Mobbing am Arbeitsplatz, vergiftetes Klima in der Politik, das in Gewalt explodiert. Alles, was nun mal nicht im Leben glänzt, wird unter den Teppich gekehrt. Dort wuchern Konflikte besser als irgendwo sonst. Auch in meinem privaten Bereich kenne ich diesen Mechanismus. Da habe ich Kritik gegen jemanden angestaut. Aber ich sage ihm nichts. „Es bringt ja doch nichts!", denke ich mir im Stillen. Ich gebe zu: manchmal habe ich ihn schon aufgegeben. In Gedanken abgehakt. Er ist mir egal geworden. Soll er doch machen, was er will. Ich würdige ihn nicht einmal mehr meiner Kritik! Erwartest du von uns für deine Gegenwart eine „konfliktfreie Zone", einen Ort des Friedens, wo die Streitigkeiten des Alltags ganz weit weg sind? Oder?

Ich habe euch keine sorgenfreie Idylle verheißen. Keine problem- und konfliktfreie Zone. Meine Gegenwart erinnert euch daran: Dass ihr vollkommen sein sollt, es aber nicht sein könnt und auch in meinen Augen nicht sein müsst, um von mir akzeptiert zu sein. Dass es darum für die Gemeinschaft und die Liebe besser ist, nicht so zu tun, als ob Vollkommenheit eine Möglichkeit unter euch Menschen wäre. Ich selbst gebe euch das Versprechen: Egal, was euch jetzt auch widerfährt, ich bin dabei! Die Voraussetzung für jede Gebetserhörung besteht darin, dass ihr ehrlich seid vor mir und euch untereinander verzeiht, wenn ihr euch gegenseitig weh getan habt. Ihr dürft Fehler machen. Jeder von euch hat seine Ticken, Geschichten, Vorlieben und Gewohnheiten. All das halte ich aus. Aber ihr könnt nicht mit eurer Schuld in meine Gegenwart kommen. Egal, wie schön euer Gebet klingt! So könnt ihr mein Herz nicht erreichen. Jede Schuld verhindert die Einheit mit mir. Das bedeutet: Räumt die Schuld aus! Nehmt meine Vergebung in Anspruch und vergebt einander. Dann könnt ihr zu mir kommen, so wie ihr seid. Ohne Maske. Ohne Schminke. Auch wenn ihr müde oder krank seid, arbeitslos. Oder pleite oder alleinstehend. Mit geplatzten Träumen und einem leeren Herzen.

Ist das Gebet von zweihundert Leuten für dich mehr wert, als das Gebet von zweien?

Die Größe macht es nicht aus. Ich sage nicht: Wenn ihr mindestens zu zweit in meinen Namen betet, dabei kniet oder zwei Stunden fastet, erhaltet ihr, worum ihr bittet. Ich habe keine Erfüllungsgarantien gegeben, aber immer eine Antwort versprochen. Ihr werdet immer bekommen, was ihr braucht. Es ist vielleicht nicht so, wie ihr es euch erhofft habt, aber es ist gut für euch. Eure Bitten schaffen nicht alle Probleme aus der Welt, nehmen nicht alles weg, was euch belastet. Aber ihr habt Gemeinschaft mit mir. Ich sage dir unmissverständlich: Ich bin da für euch, wenn ihr mich anruft im Gebet. Ich schenke euch meine Gegenwart, wann immer ihr meinen Namen nennt. Unabhängig davon, wie viele von euch es tun. Ob es zwei oder eine Million sind. So wertvoll seid ihr für mich. Wertvoll gerade nicht als Masse, sondern als einzelner Mensch, der von mir bei seinem Namen gerufen wird. Durch euer gemeinsames Gebet bekommt ihr das größte Geschenk: Euer Herz wird verändert und meinem Herzen ähnlich.

Ich verstehe. In Gemeinschaft bitte ich anders. Da wird mein Blick geweitet. Wir fragen uns: Was ist uns gemeinsam wichtig? Wofür stehen wir zusammen ein? Wie können wir dich gemeinsam ehren? Meine Anliegen tragen andere mit. Hinterher können wir uns gegenseitig daran erinnern und entdecken, wie du gehandelt hast.

Wenn ihr euch in meinem Namen versammelt, geht es um etwas anderes als um Geselligkeit und Skat. In der Gemeinschaft mit mir geht es um Gerechtigkeit, Liebe, Frieden. Wo wahrhaftige Liebe ist, da bin ich präsent.

In Zeiten der Corona-Pandemie müssen wir uns sozial distanziert verhalten. Am Fernsehgerät wird uns gähnende Leere auf dem Petersplatz präsentiert. In der riesigen Peterskirche feiert ein versprengtes Häuflein in gebührendem Abstand mit dem Papst Eucharistie.

Auch wenn ihr durch die äußeren Umstände gezwungen seid, voneinander getrennt die heilige Messe in kleinen Grüppchen feiern zu müssen, selbst wenn euch der leibliche Empfang meines gewandelten Leibes versagt bleibt, bin ich trotzdem da. Manchmal unerkannt an eurer Seite. Ich bleibe das Bindeglied, das euch vereint. Über alle räumlichen, zeitlichen Trennungen, Entfernungen und Distanzierungen hinweg. Ich verbinde euch alle mit meinem verklärten, auferstandenen Leib. Hauptsache ist, dass ihr in eurem Herzen mich sucht, bis ihr eines Tages, dann wenn die Zeit der Pandemie vorbei ist, mit brennenden Herzen euch versammeln könnt und einander erzählt, wo ihr mir in der Zwischenzeit begegnet seid.

Du stehst uns also nicht in unerreichbarer Distanz gegenüber?

Ganz im Gegenteil. Ich habe euch verheißen, mitten unter euch gegenwärtig zu sein. Von euch aus könntet ihr niemals zu mir kommen. Aber weil ihr mich braucht, darum will ich zu euch kommen. Wann und wo auch immer. Am Bett eines Schwerstkranken und Sterbenden. In dem Moment, wo eure Möglichkeiten am Ende sind und ihr die Begrenztheit eures Lebens zugeben müsst. Auch dann bin ich da und schenke euch eine Würde, wo ihr sie schon verloren glaubt.

GLAUBE, DER SEHEND MACHT

Als Jesus mit seinen Jüngern und einer großen Menschenmenge Jericho wieder verließ, saßen da zwei Blinde am Weg. Sie hörten, dass Jesus vorbeikam, und riefen laut: „Herr, Sohn Davids, hab Erbarmen mit uns!" Die Leute fuhren sie an, still zu sein. Doch sie schrien nur umso lauter: „Herr, Sohn Davids, hab Erbarmen mit uns!" Jesus blieb stehen und ließ sie rufen. „Was möchtet ihr von mir?", fragte er sie. „Herr", sagten die Blinden, „wir möchten sehen können!" Da hatte Jesus Mitleid mit ihnen und berührte ihre Augen. Im gleichen Augenblick konnten sie sehen, und von da an folgten sie Jesus (Mt 20,29-34).

Jesus, du warst mit deinen Jünger in der Nähe der Stadt Jericho unterwegs. Ich kann mir vorstellen, dass du damals so bekannt warst wie heute André Rieu oder Papst Franziskus. Darum zogen viele neugierige Leute mit dir. Wenn es damals schon Smartphones gegeben hätte, dann hätten sie bestimmt Selfies mit dir gemacht. Am Straßenrand standen die beiden Blinden und bettelten. Was blieb ihnen auch anderes übrig? Blinde standen auf der Schattenseite im Land der aufgehenden Sonne: Ohne Betreuung und Behandlung, verspottet, verachtet, arbeitslos. Die beiden lebten davon, dass andere Leute ihnen etwas schenkten. Beim Essen sahen sie nicht, was auf dem Teller lag. Auf der Straße musste jemand sie führen. Wenn sie mit anderen Leuten sprachen, wussten sie nicht, was die gerade für ein Gesicht machten. Ich stelle mir vor, wie die blinden Männer auf einmal viele Menschen kommen hörten. Es war eine große Menge. Und du mitten drin. Sie hörten Schritte, sie hörten Stimmen, sie hörten Gelächter. Es wurde immer lauter. Der eine Blinde stieß den anderen an: „Du, wenn jetzt so viele bei uns vorbeikommen, werden wir vielleicht eine Menge geschenkt erhalten. Dann können wir uns mal wieder so richtig satt essen." Der andere reagierte eher skeptisch: „Vielleicht haben sie selber nichts, oder sie mögen keine Blinden." Die ersten Personen aus der Menschenmenge waren inzwischen ganz nah. Sie schubsten die Blinden zurück und sagten: „Hey, macht Platz, hier kommt jetzt Jesus vorbei. Wisst ihr nicht: der berühmte Jesus aus Nazareth!" Natürlich hatten die

Blinden schon von ihm gehört. Das war doch der, der schon vielen Behinderten geholfen hatte. Gelähmten und Gehörlosen und auch Blinden. Einige behaupteten sogar, dass er der Sohn Davids sei, also der Messias, auf den man in Israel schon seit vielen hundert Jahre sehnsüchtig wartete. Die Blinden dachten: „Wenn er wirklich der Helfer ist, von dem der Prophet Jesaja spricht: „Ich, der Herr mache, dass du die Augen der Blinden öffnest", dann wollen wir diese Chance jetzt ergreifen!" Jesus, was geschah in diesem Augenblick?

Sie baten mich nonstop um Hilfe und riefen aus Leibeskräften: „Herr, erbarme dich!" Ein Akt der Verzweiflung. Ein Ausschrei in großer Not! Da wurden die Schubser ärgerlich und fuhren die Blinden an: „Haltet die Klappe! Ihr habt hier gar nichts zu sagen. Gott ist böse auf euch. Darum hat er euch mit Blindheit gestraft. Deshalb dürft ihr diesen heiligen Gottesmann nicht belästigen. Aber den Blinden war das völlig schnuppe. Sie wollten sich die Gelegenheit nicht entgehen lassen. Darum schrien sie noch lauter: „Kyrie eleison! Herr, erbarme dich über uns, Sohn Davids!" Inzwischen war ich an die Stelle gekommen, wo die beiden sich am Straßenrand befanden. Ich blieb stehen. Alle anderen blieben auch stehen. Die Blinden merkten, dass das Füßetrappeln plötzlich aufgehört hatte. Es war ganz still. Dann hörten die beiden Männer meine Stimme: „Was möchtet ihr? Was soll ich für euch tun?" Die Blinden regierten ziemlich perplex: „Warum fragst du? Es ist doch klar, was wir wollen!" Aber mir war es wichtig, dass sie es selbst aussprachen: „Herr, wir wollen wieder sehen können!" Aber nicht einfach so im Vorübergehen. Dann legte ich behutsam meine Finger auf die Augen der Blinden.

Damals haben umstehende Menschen versucht, den Kontakt der beiden Blinden mit dir zu verhindern. Sie wurden bedroht, mit rauen Worten angefahren. Auch ich erlebe heute, wie gewisse Umstände mich vom Gespräch mit dir abhalten wollen.

Das sind die „Zeitfresser" in deinem Leben, die dich in Anspruch nehmen: die sozialen Medien, der Fernseher, die Sorge um deine Gesundheit ... Je nach der Lebensphase, in der du dich gerade befindest, ist deine Zeit unterschiedlich gefüllt: Gut ein Drittel des Tages verschläfst du. Das ist auch gut so. Mehr als das zweite Drittel verbringst du bei der Arbeit und in der Familie. Wenn du dann noch die Zeit von den Mahlzeiten und Einkäufe abziehst, bleibt oft nur noch wenig „freie" Zeit für mich übrig. Mit welcher Haltung gehst du an dieses Zeitfenster? Gibst du mir Raum bei der Gestaltung deiner Zeit? Damit meine ich nicht, dass du immer „nur" mit mir im Gebet verbringen sollst.

Manchmal möchte mir eine Stimme einflüstern: „Du hast so viel zu tun! Wenn Du dir jetzt auch noch Zeit fürs Gebet nimmst, wirst Du ja nie fertig!

Es kommt darauf an, dass du die Zeitgestaltung mit mir besprichst und die Gebets-Verhinderer mit meiner Hilfe aus deinem Leben ausräumst! Dann kann es sein, dass ich dir sage: „Du hast echt viel in der letzten Zeit gearbeitet. Gönn Dir mal mit Deiner Frau einen schönen Filmabend!" Dann wird auch das zum Gebet.

Du fragtest die beiden Blinden: „Was möchtet ihr von mir?" Was für eine eigenartige Frage? Wolltest du hier noch einmal eine höfliche Bitte hören? Oder wolltest du dich informieren? Oder wolltest du durch diese Frage ihren Glauben neu wecken?

Es ging mir darum, ihre Glaubenserwartung zur Sprache zu bringen. Ich wollte, dass sie merkten: Ihr seid mir ganz wichtig. Ich will nicht nur, dass ihr wieder sehen könnt. Ich will, dass ihr mich besser kennenlernt. Es ist ja keineswegs selbstverständlich, dass ein Kranker wirklich gesund werden will. Manche Menschen möchten durch ihre Krankheit eine besondere Beachtung erfahren. Es gibt Kranke, die zwar gesundwerden „möchten", aber eben nicht „wollen" und dem Arzt nicht mit eigenem Lebens-und Heilungswillen zu Hilfe kommen. Es gibt Sünder, die zu lauten Selbstanklagen gern bereit sind, aber sich von ihrer Schuld nicht trennen wollen. Für sie ist es bequemer, ein armer Sünder zu bleiben, als den Kampf mit der Sünde wirklich aufzunehmen und zu genesen. Deshalb war meine Frage schon berechtigt: „Was möchtet ihr von mir?"

Jesus, ich habe meine Augen jetzt für einen Moment geschlossen und mit den Fingerspitzen meine Augenlider ganz sanft berührt. Es ist erstaunlich, wie fein man mit den Augen fühlen kann. So haben wohl die Blinden deine Finger gespürt. Sie konnten dich ja noch nicht sehen. Aber sie fühlten es: du kümmertest dich um sie. Als du deine Finger wieder wegnahmst, waren die Blinden geheilt. Was muss das für eine überwältigende Freude für sie gewesen sein. Diese Geschichte ist ja vor langer Zeit geschehen, als du noch sichtbar auf der Erde lebtest. Deshalb frage ich dich: Hilfst du uns auch heute, die wir manchmal in vieler Hinsicht „blind" sind?

Ja, ich helfe auch heute euch allen, die ihr meine Hilfe wollt. Ich höre es, wenn ihr im Gottesdienst wie die Blinden damals ruft: „Kyrie eleison! Herr, erbarme dich!"

Menschen haben gebetet und zu dir geschrien, aber ihr Leben wurde in einem Nu ausgelöscht. Diese Welt ist voll von solchen Bildern. Da sind die Schreie der Frauen und Kinder und Männer, die als Flüchtlinge in klapprigen Kähnen auf hoher See um ihr Leben bangen. Da ist der Schrei der jungen Mutter, die erfährt, dass ihr Baby gestorben ist. Da ist der Schrei der ganzen Menschheit, die in der Corona-Krise am Rand der Verzweiflung steht. Die Welt wird gefährlich still. Eine unheimliche Ruhe der Hoffnungslosigkeit breitet sich in vielen Herzen aus. Einige kämpfen und haben gute Ideen. Andere zeigen Widerstand und protestieren, wenn der „lock down" sie knebeln will. Manche resignieren und geben auf. Was soll ich in diesem Chaos tun? Ich kann mich doch nicht zurückziehen in eine „Sofamentalität" und nur noch meinen persönlichen, eigenen Vorteil suchen! Soll ich mir die Ohren zu halten, wenn diese Welt nach mehr Gerechtigkeit schreit? Nach mehr Frieden, nach mehr Schutz und nach mehr Heilung? Wo bist du bei all dem, Jesus? Kommst du noch vor in unserem Denken, unserem Hoffen, unserer Zukunftsplanung? Vielleicht hören wir deine Stimme nicht mehr, weil die Schreie um uns und in uns zu laut geworden sind. Wenn du ein Gott der Gerechtigkeit bist, warum versumpft diese Welt in Ungerechtigkeit? Wenn du ein Gott des Friedens bist, warum wird die Feindschaft immer massiver und Millionen von Menschen sind auf der Flucht und bangen um ihr Leben? Aus Resignation haben wir eine Kultur der Verdrängung von Leid entwickelt. Man will ja anderen nicht mit der persönlichen Not „auf den Wecker gehen". In unserer Spaß-Kultur darf nicht mehr laut geweint, nicht mehr laut geklagt werden. Und wenn, dann nur über schlechte Leistungen. „Muss ich mich abfinden mit meinem Schicksal? Wie oft darf ich zu dir kommen wie diese beiden Blinden und dich noch um Heilung bitten?" Kann ich angesichts des Leidens und der Hilfeschreie in dieser Welt überhaupt noch glauben und dir von Herzen vertrauen?

Ich kam nicht in diese Welt, um mich im johlenden Jubelrausch einer staunenden Massenbewegung als Wundertäter zu produzieren. Dein Glaube an mich ist keine Billigware. Ich bin kein Erfüllungsgehilfe deiner Wünsche. Aber ich weiß in meinem Weitblick, was als nächstes gut für dich ist. Es gibt erfülltes Leben auch mit unerfüllten Wünschen. Deshalb vertraue meinem Wort, dass alles, wirklich alles zu deinem Besten dient. In meiner Nachfolge kommst du nicht zu kurz, auch wenn ich dich manchmal auf eine lange Geduldsprobe stelle. Natürlich kenne ich das Schreien der Menschen, den Schrei der sterbenden Welt. Aber da gibt es auch mein Schreien als Gottes Sohn. Auch ich bin mit Ungerechtigkeiten drangsaliert worden. Viele haben mich ohne Grund gehasst. Auch ich habe körperlich gelitten und den Tod auf mich genommen. „Hörst du denn nicht mein Schreien? Siehst du denn nicht meine Tränen?" Bis zur Erschöpfung habe ich geschrien. Meine Kehle war davon ganz entzündet. Meine Augen waren müde geworden, vom Ausschau halten nach meinem Vater-Gott! Solange in dir noch ein Funken an Glauben und Vertrauen zu mir geblieben ist, geh damit zu mir! Bleib damit nicht allein! Du darfst deine himmelschreiende Not zu mir bringen! Schrei sie heraus! Unterdrücke sie nicht! Verbiete sie dir nicht! Lass dir den Mund von niemanden zuhalten! Dein Leid, dein Schmerz, deine Blindheit, deine Angst gehen mir zu Herzen. Ich bin nicht ein Zuschauer, wenn die Menschheit schreit. Ich bin nicht ein Besserwisser und Bestrafer, sondern ein Erbarmer. Dieses Erbarmen hat mich ans Kreuz getrieben. Ich bin aus Liebe zu euch Mensch geworden. Ich habe nicht nur eure Schuld mit ans Kreuz genommen, in meinen Wunden findet ihr auch Heilung. Diese tiefe Solidarität mit eurem Schmerz, euren

Schreien habe ich in meiner Gottverlassenheit auf mich genommen, als ich schrie: „Mein Gott, mein Gott! Warum hast du mich verlassen!?"

Jetzt verstehe ich, dass du wirklich unter Schreien und Tränen Anteil genommen hast an unserem Leben. Als wahrer Mensch, aber auch als wahrer Gott. Vielleicht habe ich es verlernt, laut nach dir zu schreien. Manchmal habe ich auch gar keine Stimme mehr und weiß nicht, welche Worte ich finden soll.

Versuche einmal nachzubuchstabieren, was mit den beiden Blinden auf dem Weg nach Jericho geschah. Ich gehe auch an dir nicht einfach vorüber. Ich will dich treffen. Oft sind gerade die Nöte deines Lebens die Treffpunkte mit mir. Ich bin nicht für die Starken, die Gesunden gekommen, sondern für die, die Hilfe brauchen. Ich höre dich. Ich bleibe stehen. Ich will dich treffen. Ebenso die Armen, Schwachen, Kranken, Ratlosen, Hilflosen, Wehrlosen, die Versager und Verzagten, die Zweifelnden und Verzweifelten, die Scheiternden und Gescheiterten, alle, die man links liegen lässt, die nicht mehr können.

Ich erlebe manchmal Situationen, wenn die Umstände mir das Herz eng machen, eine große innere Not mich bedrückt und ich nicht mehr die Schublade mit den wohlformulierten Gebeten aufmachen kann. Da ist mein Gebet ein solcher Herzensschrei. Beim ersten Mal fast ein wenig fremd, so mit dir zu reden. Zugleich aber auch befreiend. Wie du nicht nur mein Herz wieder weit machst, sondern oftmals auch in kurzer Zeit mein Anliegen erhörst.

Dein Herzensgebet „Jesus, sorge du!" ist dein Eingeständnis, dass du sehend werden möchtest. Es ist dein Bekenntnis, dass du mein Erbarmen brauchst. Auch du sollst innerlich berührt werden, wie ich von diesen beiden Blinden berührt wurde. Durch dich will ich mein Erbarmen freisetzen für die Menschen die mich nicht kennen und sich oft so als Verlorene vorkommen. Viele haben höchstens eine ungefähre Ahnung von mir. So wie manche Blinde nur zwischen hell und dunkel unterscheiden können. So will ich durch dich auch heute Menschen die Glaubensaugen öffnen, damit sie durch dich meine Liebe und Freundlichkeit erkennen und leben lernen.

GLAUBE, DER DAS DANKEN NICHT VERGISST

Und es geschah auf dem Weg nach Jerusalem: Jesus zog durch das Grenzgebiet von Samarien und Galiläa. Als er in ein Dorf hineingehen wollte, kamen ihm zehn Aussätzige entgegen. Sie blieben in der Ferne stehen und riefen: Jesus, Meister, hab Erbarmen mit uns! Als er sie sah, sagte er zu ihnen: Geht, zeigt euch den Priestern! Und es geschah, während sie hingingen, wurden sie rein. Einer von ihnen aber kehrte um, als er sah, dass er geheilt war; und er lobte Gott mit lauter Stimme. Er warf sich vor den Füßen Jesu auf das Angesicht und dankte ihm. Dieser Mann war ein Samariter. Da sagte Jesus: Sind nicht zehn rein geworden? Wo sind die neun? Ist denn keiner umgekehrt, um Gott zu ehren, außer diesem Fremden? Und er sagte zu ihm: Steh auf und geh! Dein Glaube hat dich gerettet (Lk 17,11-19).

Jesus, auf dem Weg hinauf nach Jerusalem tauchten plötzlich zehn Aussätzige auf und riefen: „Jesus, Meister, hab Erbarmen mit uns!" Es handelte sich um Menschen, die von der Lepra befallen waren. Ihre Gesichter waren entstellt. Manche liefen mit Krücken. Andere humpelten. Die einen hatten die Zehen verloren oder die Füße. Andere ein Bein, eine Hand. Sie blieben gezeichnet bis zu ihrem Tod. Die Aussätzigen mussten meist allein außerhalb der menschlichen Ansiedlung ihr Leben fristen. Niemand durfte ihnen zu nahekommen. Sie wurden für gesellschaftsunfähig erklärt. So hatten sie sich zusammengerottet. Von ihren Familien getrennt und aus der menschlichen Gemeinschaft ausgeschlossen. Sie waren ausgesetzt, verstoßen vom Gottesvolk und damit religiös isoliert. Man hatte sie zugleich verbannt aus der Dorfgemeinschaft und damit quasi gesundheitspolizeilich aus dem Verkehr gezogen. Bei der Diagnose Aussatz mussten sich Ehepartner trennen. Denn jeder hatte Angst sich anzustecken. Jetzt, wo sie krank waren, jetzt, wo sie in ganz besonderer Weise den Zuspruch und die Nähe ihrer Lieben gebraucht hätten, wurden sie weggeschickt und blieben sich weitgehend selber überlassen. Sie vegetierten außerhalb der Städte und Dörfer in Höhlen und unbenutzten Gruften. Wenn es gut ging, wurden sie von ihren Verwandten mit Essen versorgt, aber sie hatten sich fernzuhalten von vertrauter Gesellschaft. Schon von weiten mussten sie rufen: „Unrein, unrein!", wenn Gesunde sich näherten. Das erscheint mir sehr unbarmherzig. Aber die Furcht vor Ansteckung ist auch heute verbreitet wie beispielsweise vor Aids oder Corona, die durchaus ausgrenzend wirken. Dass hier zehn Aussätzige dich um Reinigung baten, zeigt, wie schwer es ihnen fiel, allein und isoliert zu leben.

Als ich sie sah, rief ich ihnen zu: „Geht, zeigt euch den Priestern!" Das war kein bloßes Wahrnehmen, vielmehr ein Annehmen und Eingehen auf ihre Not. Ich schickte sie deshalb zu den Priestern, damit diese ihre neu gewonnene Gesellschaftsfähigkeit öffentlich im Sinne der kultischen Ordnung bezeugen konnten. Zu dem geistlichen Amt gehörten auch gesundheitspolizeiliche Kompetenzen. Die Priester sollten ihnen bestätigen: „Euer Körper ist frei von den Anzeichen der Lepra. Nichts mehr da von schrecklichen Verstümmelungen der Gliedmaßen, offenen Geschwüren und äußerst unästhetischen Veränderungen des Gesichts und der Haut. Ihr seid gesund! Hier eure Bescheinigung: Ihr dürft zurück in euer altes Leben, zurück ins Dorf und zu euren Lieben, müsst nicht länger von ferne stehen."

Mit dem Losmarschieren befolgten sie also deine Anweisung. Aber hatten sie sich denn gar keine Gedanken gemacht? Was sollte denn der Gang zu den Priestern? Eben diese Priester hatten sie doch einst hinausgewiesen aus der Dorfgemeinschaft, als sie die ersten Anzeichen der Krankheit auf ihrer Haut entdeckten. Diese Priester hatten ihnen doch diese Elendshütten fernab vom Dorf zugewiesen. Und da sollten sie nun, die immer noch vom Aussatz befallen waren, die erkennbar Gebrandmarkten, nun entgegen der ihnen eingeschärften Weisung wieder zurückkehren in die Zivilisation? Nur weil dieser fremde, arme wandernde Rabbi Jesus, es ihnen aufgetragen hatte? Was würden die Gesunden mit ihnen anfangen?

Aber dennoch marschierten sie los. Meine Anweisung war für sie unmissverständlich. Also setzten sie alles auf eine Karte und humpelten los. Mit einer Hoffnung im Herzen, die sie über das unwegsame Gelände und alle Mühen hinweg trug. Und während sie gingen, passierte es. Das Wunder geschah. Die verkrüppelten Gliedmaßen wurden gesund. Keine Verbände und Krücken mehr. Die unsicher daher Wankenden konnten plötzlich sicher ausschreiten. Alle waren von der schweren Lepra befreit. Und sie rannten weiter. Als ob sie dieses Wunder an sich nochmals testen mussten. Trugen die Beine sie wirklich? Ja, sie trugen! Als müssten sie sich gegenseitig ihre Heilung beweisen, rannten sie trunken vor neuer Lebensfreude dahin. Tränen der Erleichterung. Nach all den Jahren zurück ins alte Leben. Ich hatte ihnen ihr Ansehen und ihre Würde zurückgegeben. Ohne viel Aufhebens davon zu machen. Ihre stumme Verzweiflung war durchbrochen.

Einer von zehn blieb stehen. Deine Erfolgsquote scheint erschreckend gering: nur einer von zehn! Zehn Aussätzige hattest du wieder gesundgemacht. Für neun von ihnen war das offensichtlich schon genug. Sie kamen nicht, um sich zu bedanken. Nur einer tat das, und das noch ein Außenseiter. Er schickte keinen Boten, kein SMS, keine Mail, keinen Brief. Er ließ sich nicht vertre-

ten. Er kam persönlich bei dir vorbei. Vielleicht musste er auch seine Gliedmaßen nochmals anschauen, betasten, die neue Kraft in Beinen und Armen probieren, um dann festzustellen: Ich träume nicht. Es ist wahr. Ich bin gesund. Diese großartige Erfahrung durfte er nicht für sich behalten. Du und deine Freunde, die mit dir durchs Land zogen, mussten es zuerst erfahren. Er, der Samariter, war gesundgeworden. Ein Wunder war an ihm geschehen. Deshalb kehrte er um.

Sein Erleben begann mit dem Bewusstsein seiner Heilung. Seine Gefühle waren Freude und Dank für die göttliche Wohltat. Er kehrte um und fiel mit der Geste der Verehrung und Anbetung vor mir nieder. Meine Antwort „dein Glaube hat dir geholfen" war wie das amtliche Siegel auf einer Einbürgerungsurkunde in die menschliche Gesellschaft und die Bestätigung der Teilhabe am Reich Gottes. Auch wenn ausgerechnet der Samariter, also ein Ausländer, zurückgekommen war, so konnte ich nicht anders als meine Enttäuschung über die anderen neun Geheilten zum Ausdruck zu bringen. Gewiss hatten auch sie sich über das Geschenk ihrer Heilung gefreut, um ihr neues Leben fortsetzen zu können. Ich schickte sie zu den Priestern. Heute wäre das das Gesundheitsamt. Sie gingen los, obwohl sie erstmal noch gar nicht gesund waren. Auf dem Weg stellten sie die Heilung fest. Neun von ihnen gingen weiter, wie ich es ihnen aufgetragen hatte. Sie taten nichts Unrechtes, sondern taten das, was normal war. Keiner von ihnen erkannte jedoch, dass diese heilende Begegnung durch einen dankbaren Aufblick eine dauerhafte Beziehung zu mir herstellen konnte.

Diese neun erinnern mich an die verpassten Gelegenheiten in meinem eigenen Leben. An die Heilungen, die ich als selbstverständlich hingenommen habe. Da komme ich an der Gewissensfrage nicht herum: Vergesse ich dich, wenn es mir gut geht? Wenden ich mich nur dann an dich, wenn es mir schlecht geht? Rufe ich mir immer wieder ins Bewusstsein, dass mein Leben ein Geschenk von dir ist? Ich habe Zehen, Füße und Beine, Finger und Hände. Ohne sie je verloren zu haben. Ich kann gehen, laufen, tanzen, springen, kann streicheln und schreiben und auf vielfältige Weise die Hände gebrauchen. Mein Körper ist heil. Wie oft danke ich dafür, dass ich so wunderbar geschaffen bin? Wie oft fehlen mir die Augen für die tagtägli-

chen Dinge, die ich als selbstverständlich annehme ohne dafür zu danken? für die schöne Welt, den Glanz der Sonne, für die Liebe, den Wein oder die Musik. Für die Freunde und die Familie. Bin ich auch bereit, den Schmerz zu teilen, das Leid auszuhalten und anderen dein Erbarmen zu schenken? Deine Begegnung mit den zehn Aussätzigen wirkt für mich wie ein Stopp-Schild. Normalerweise wäre ich eher bei den Neun. Der Samariter jedoch provoziert mich, die gewohnten Pfade zu verlassen und dir die Ehre zu geben. Ich möchte dankbar sein; denn mein Leben habe ich nicht selbst verdient. Ich möchte vergebungsbereiter werden in dem Bewusstsein, dass Neuanfänge möglich sind. Weil du bei mir bist und mich im Blick hast.

Dankbarkeit ist nicht nur ein Herzensgefühl, sie muss auch ausgedrückt werden. Was dir an Gutem widerfährt, wird durch den Dank zur „stärkende Wegzehrung" für dein Leben. Dein Danken ist eine Antwort auf mein Beziehungsangebot. Gib weiter von der Großzügigkeit, die du von mir empfangen hast. Wachsen kann deine Menschlichkeit nur, wenn sie durch den Dank genährt wird. Dankbarkeit macht dich glücklich. Als dank-

barer Mensch kannst du dich an kleinen und großen Gaben freuen. Als dankbarer Mensch wirst
du freimütig dazu stehen, auf andere angewiesen
zu sein. Als dankbarer Mensch hast du die Größe,
dich beschenken zu lassen. Weil du die Dankbarkeit nicht loswerden, sondern vertiefen willst. Damit hast du Anteil an mir, der nicht richtet, nicht
vernichtet, sondern liebt, vergibt, der dich sucht
und erwartet. Das alles allein aus Gnade.

**„Steh auf", sagtest du am Schluss zu dem geheil-
ten Samariter. „Geh hin, dein Glaube hat dir geholfen." Das wird nur diesem einen gesagt, der zurückkehrte, um dir zu danken.**

Gerade von dem hätte ich es am wenigsten erwartet; denn nach der Auffassung in Israel gehörte er zu den Ungläubigen; denn fromme Juden
mieden Samaria und verachteten die dort leben-
den Menschen. „Die gehören nicht zu uns" sagten sie. „Die sind nicht mehr Teil von dem erwähl-
ten Gottesvolk. Schon lange nicht mehr. Haben
sie sich doch gegen die Bestimmungen der Thora
mit anderen Völkern vermischt. Mit Heiden. Unrein seid ihr, getrennt von uns, weil getrennt von
Gott, der nur die Reinen ansieht und liebt." Doch

der Samariter war der einzige, der sich zum Danken verpflichtet fühlte. Er kehrte um zu mir, bevor er beim „Gesundheitsamt" vorstellig wurde. Er macht einen Umweg. Womöglich ahnte er, wie schnell er vergessen könnte, wenn er ohne diesen Umweg wieder ins alte Lebens zurückkehrte. Dieser Fremde erkannte, dass die Heilungskraft nicht im Tempel oder bei den Priestern lag. Dort wurde ja nur bestätigt, dass sie gesund geworden sind. Der Samariter hatte eine Einsicht, die den anderen neun Juden fehlte. Er sah nicht nur das Geschenk der Heilung, sondern entdeckte den Schenkenden. Er ergriff meine ausgestreckte Hand und schlug ein. Er hatte seinen Freund fürs Leben gefunden. Die anderen neun, die mir als Volksgenossen und durch den jüdischen Glauben viel näher standen, erkannten das nicht. Seine Dankbarkeit war davon bestimmt, dass er nicht seiner Glückssträhne die Heilung verdankte, sondern mir und meinem liebenden Vater im Himmel. Deshalb war seine Dankbarkeit gelebter Glaube. Darum sagte ich zu diesem Samariter: „Dein Glaube hat dir geholfen!" Dankbarkeit war die Frucht seiner „Umkehr" im Blick auf mich. Er hatte in mir den Gott der unbestechlichen Liebe erkannt, den es zu allen Notleidenden und in „Un-reinheiten" Verstrickten hinzieht. Liebend, trös-tend, werbend, suchend, aufrichtend und heilend.

Brauchst du überhaupt unseren Dank? Hättest du einfach gerne das Dankeschön der anderen neun gehört, auch wenn es ein verklemmtes gewesen wäre?

Ich brauche euren Dank nicht. Aber ihr ge-winnt etwas, wenn ihr dankt. Dann wird euch da-bei doch auch bewusst: ihr verdankt euch nicht alles selbst. Ihr könnt nicht alles selbst machen, regeln und bewerkstelligen. Eure Dankbarkeit soll spontan sein. So wie das Mitgefühl und die Nächstenliebe. Aber befehlen will und kann ich die Dankbarkeit, die Freude oder die Liebe nicht. Sonst wären sie nicht echt. Nein, ich war nicht ver-ärgert über die Neun. Ich war nicht eingeschnappt. Aber einfach traurig darüber, dass sie das Wesent-liche verpasst hatten. Die Freundschaft mit mir.

Sie hatten eigentlich nichts falsch gemacht. Sie ta-ten, was du ihnen aufgetragen hattest. Sie hätten ja auch sagen können: „Was, warum sollen wir zu den Priestern gehen, wenn sich nichts geändert

hat?" Will uns dieser Jesus am Ende noch veräppeln. Doch sie gingen. Ohne wenn und aber. Und siehe da, auf dem Weg zu den Priestern wurden sie gesund. Unglaublich aber wahr.

Aber für sie war die Begegnung mit mir, diesem „Wanderprediger und Heiler" einfach eine Episode gewesen. Jetzt vorbei. Für sie zählte nur eines: zurück nach Hause. Zurück zu ihren Familien. Zurück ins normale Leben. Alles sollte so sein wie vor der Erkrankung. Diese Episode der Lepra war für sie abgeschlossen, überwunden und vergessen. Nicht noch einmal diesem Jesus über den Weg laufen, der sie daran erinnern könnte, wie dreckig es ihnen gegangen war.

Nur ein Samaritaner war unter den zehn Aussätzigen. Neun davon Galiläer und Judäer. Wie war das möglich, da doch beide Volksgruppen eher einander feindlich gegenüberstanden?

Die zehn Männer waren bis dahin eine Schicksalsgemeinschaft, derer gemeinsames Leiden alles einst Trennende ganz klein hat werden ließ. In Krankheit und Not spielte es keine Rolle mehr, wer woher kommt und was gewesen ist, wie viel einer besessen hat und mit welcher religiösen

Reinheit er sich brüstete. Die 10 Jammergestalten waren vereint in Leiden und Hoffnungslosigkeit. Der Aussatz hatte sie gleichgemacht.

Ich denke für die Neun warst du wie ein Dienstleistender. So ähnlich wie bei Amazon. Ich bestelle auf der Homepage ein Produkt. Das Geld dafür wird vom Konto abgebucht. Das Produkt wird geliefert und fertig. Ich würde doch keine Dankeskarte an Amazon schicken!

So könnte man das heute ausdrücken. Du bist als freier Mensch erschaffen. Ich lasse dich gehen, auch auf deinen gewohnten, gleichgültigen, vergesslichen Wegen. Ich halte dich nicht auf und zwinge dich nicht, zu mir zurückzukommen. Ich freue mich aber, wenn du deine Route änderst. Wenn du auf mein Beziehungsangebot eingehst, im Kontakt zu mir bleibst. Sobald du eingestehst, nicht aus eigener Kraft leben zu können, wirst du nicht über andere pauschal urteilen, dass sie selbst schuld sind an ihrem Schicksal. Dann wird dir bewusst, dein Leben nicht „verdient" zu haben und gibst mir die Ehre.

Der Mann aus Samaria konnte dich nicht für die Heilung bezahlen. Kein Opfer dieser Welt hätte einen entsprechenden Gegenwert aufbringen können. Er konnte nur annehmen und staunen, dass seine schreckliche Krankheit endlich gebannt war. Offenbar war es nicht nur sein Glaube, der die Heilung vom Aussatz bewirkt hatte. Auch die neun anderen wurden ja geheilt.

Der Schlüssel dazu war seine Dankbarkeit. Sie begann in seinem Herzen, fand aber dann auch den Weg in seine Hände und Füße, in sein Denken und Handeln. Er gab seiner Dankbarkeit ganz bewusst Zeit und Raum in seinem Alltag, in seiner Agenda. Sein dankbarer Glaube war Grund für ein viel weiterwirkendes Wunder: das Wunder seiner Umkehr. Er hatte den Götzen des Egoismus überwunden. Dieser eine von zehn traute sich, die wunden Punkte und sensiblen Stellen nicht zu verdrängen. Er hatte erkannt: auch die dunklen Seiten ließen ihn wachsen, gaben seinem Leben eine neue Tiefe und ermöglichten ihm eine neue Begegnung mit mir. So wurde seine Heilung ihm zum Heil, sodass sein neues Leben in Gotteslob mündete. Er hatte an sich selbst gespürt, wie reich die Quelle des Lebens sprudelt, die mehr schenkt

als leibliche Genesung. Sie schenkte ihm ein neues Leben, das wuchs und reifte. Weil er es dankbar
aus meiner Hand empfangen hatte und sich von
mir behütet und bewahrt wusste.

**Du hattest offensichtlich keine Probleme, diesen
Mann als vorbildlich hinzustellen, obwohl er als
Samariter nach damaligen, jüdischen Kriterien
eigentlich einer Sekte angehörte.**

Obwohl mein Glaubensprofil sonnenklar war,
hatte ich überhaupt keine Berührungsängste. Ich
sah das Herz der Menschen und ließ mich auf jeden ein, woher er auch kam, was auch immer in
seinem Lebensrucksack steckte. Bei mir sind bis
heute restlos alle willkommen.

**Aussatz hat in unserer Gesellschaft andere Na-
men: Covid-19, Aids oder Arbeitslosigkeit. Diese „Aussätzigen" werden manchmal verächtlich
„Penner" oder „Asylanten" genannt. Manchen
sieht man ihre Ausgrenzung an. An der Hautfar-
be, an den verwahrlosten Haaren, am unrasierten
Gesicht. Manche sind eingeschlossen in Sammel-**

lager für Asylbewerber oder in die unsichtbaren Mauern der Vorurteile, eingeschlossen in Verachtung, Illegalität, Angst.

Damals bei den zehn Aussätzigen schaute ich hin, hörte zu, ließ mich anrühren und heilte sie. Heute habe ich dich, um Brücken zu den Ausgesetzten zu schlagen. Deine Füße, um zu ihnen hin zu gehen. Deine Augen, um sie zu sehen. Deine Ohren, um ihnen zuzuhören. Deine Hände, um ihnen zu helfen. Den Dank dafür wirst du von mir durch ein erfülltes Leben erhalten!

GLAUBE, DER
STAUBIGE FÜßE WÄSCHT

Einer der Pharisäer hatte ihn zum Essen eingeladen. Und er ging in das Haus des Pharisäers und begab sich zu Tisch. Und siehe, eine Frau, die in der Stadt lebte, eine Sünderin, erfuhr, dass er im Haus des Pharisäers zu Tisch war; da kam sie mit einem Alabastergefäß voll wohlriechendem Öl und trat von hinten an ihn heran zu seinen Füßen. Dabei weinte sie und begann mit ihren Tränen seine Füße zu benetzen. Sie trocknete seine Füße mit den Haaren ihres Hauptes, küsste sie und salbte sie mit dem Öl. Als der Pharisäer, der ihn eingeladen hatte, das sah, sagte er zu sich selbst: Wenn dieser wirklich ein Prophet wäre, müsste er wissen, was das für eine Frau ist, die ihn berührt: dass sie eine Sünderin ist. Da antwortete ihm Jesus und sagte: Simon, ich möchte dir etwas sagen. Er erwiderte: Sprich, Meister! Ein Geldverleiher hatte zwei Schuldner; der eine war ihm fünfhundert Denare schuldig, der andere fünfzig. Als sie ihre Schulden nicht bezahlen konnten, schenkte er sie beiden. Wer von ihnen wird ihn nun mehr lieben? Simon antwortete: Ich nehme an, der, dem er mehr geschenkt hat. Jesus sagte zu ihm: Du hast recht geurteilt. Dann wandte er sich der Frau zu und sagte zu Simon: Siehst du diese Frau? Als ich in dein Haus kam, hast du mir kein Wasser für die Füße gegeben; sie aber hat meine Füße mit ihren Tränen benetzt und sie mit ihren Haaren abgetrocknet. Du hast mir keinen Kuss gegeben; sie aber hat, seit ich hier bin, unaufhörlich meine Füße geküsst. Du hast mir nicht das Haupt mit Öl gesalbt; sie aber hat mit Balsam meine Füße gesalbt. Deshalb sage ich dir: Ihr sind ihre vielen Sünden vergeben, weil sie viel geliebt hat. Wem aber nur wenig vergeben wird, der liebt wenig. Dann sagte er zu ihr: Deine Sünden sind dir vergeben. Da begannen die anderen Gäste bei sich selbst zu sagen: Wer ist das, dass er sogar Sünden vergibt? Er aber sagte zu der Frau: Dein Glaube hat dich gerettet. Geh in Frieden! (Lk 7,36-50).

Jesus, ein wohlhabender, frommer Mensch hatte dich zum Essen eingeladen. Als Pharisäer folgte Simon dem Brauch, Rabbinern gegenüber, wenn sie durch den Ort kamen, Gastfreundschaft zu üben. Er hatte einige gleichgesinnte Freunde dazu gebeten. In der angenehmen Atmosphäre einer Mahlzeit konnte man den Einsichten des Rabbis lauschen. Du wurdest von vielen als ein solcher Meister gesehen. Deine Lehre schien überraschend und neu. Der schriftkundige Pharisäer möchte so mit dir, dem charismatischen Schriftgelehrten, in engeren Kontakt kommen. Das ist ein gutes Ansinnen. Er erhoffte für sich und seine Gäste etwas von dieser Begegnung. So konnte er nur lernen von dir und war gespannt auf deine prophetischen Aussagen. Propheten waren Menschen, die die Gabe besaßen, das Wort Gottes zuzuspitzen auf das Jetzt und Hier, den Willen des Allerhöchsten konkret und aktuell aussagen zu können. Dass der Gastgeber an einem geregelten und ungestörten Verlauf der Veranstaltung interessiert war, versteht sich. Von ungebetenen Gästen wollte er verschont bleiben. Er hatte ohnedies alle Hände voll zu tun. Die Bewirtung musste klappen, damit für das Gespräch Zeit blieb. Eigentlich habe ich Respekt vor dem Einsatz dieses frommen Mannes. Und dann kam es zu einer lästigen Unterbrechung. Plötzlich drängte sich eine fremde Person hinein und zog alle Aufmerksamkeit auf sich. Der schöne Plan geriet durcheinander. Wer diese ungebetene Frau war, wussten alle in der Stadt. Was mag Simon bei sich gedacht haben? „Die da! Das ist eine Sünderin. Das sagen doch alle. Lasst sie bloß nicht an euch ran. Redet nicht mit ihr. Unrein ist sie. Nichts für uns normale, gute Bürger. Eine, die ohne Mann lebt. Oder mit zu vielen. Die ist nichts wert! Für so eine das Haus öffnen? Niemals! Mit der zu Tisch liegen. Bestimmt nicht. Eine Frau, die ihren Körper für Geld zur Verfügung stellt. Eine Prostituierte. Eine Hure. Die Angehörige eines Berufsstandes, den viele das ,älteste Gewerbe der Welt' nennen. Von dem so mancher anständige Bürger nur hinter vorgehaltener Hand oder in zotigen Witzen sich auslässt. Hätte ich Jesus nicht eingeladen, wäre das nicht geschehen. Ich könnte explodieren. So beschmutzt war mein Haus noch nie." Diese Prostituierte war nun eingebrochen in das Tischgelage. Was sie an dir tat, könnte man eindeutig als erotische Signale bezeichnen. Sowohl damals als auch heute: eine sehr sinnliche Fußmassage voller Gefühle. Doch zuerst bekamst du eine Fußreinigung. Alles geschah unter vollem Einsatz ihrer

Haare, ihrer Tränen und ihres Körpers. Das entsprach überhaupt nicht der Sitte und der Ordnung in diesem Haus.

Mit der Erotik bist du völlig danebengeraten. Bei dieser Frau ging es um das Thema Schuld und Vergebung. Sie war ein Mensch, der durch seine Taten die Gottesbeziehung verloren und die Grundorientierung seines Daseins eingebüßt hatte. Ein Mensch, dem die Ausrichtung an Glaube, Liebe und Hoffnung fehlte. Ihr Leben hatte keinen Glanz mehr. Angst und Hoffnungslosigkeit beherrschten sie. Die Zukunft war ihr verschlossen. Sie war sich selbst und ihren Mitmenschen nichtswürdig geworden. Darin hatte auch die Verachtung des anständigen Simon und der Gäste in seinem Haus ihren Grund. Bei mir ging es jedoch um Hinwendung zu den Ausgegrenzten und Verlorenen. Nicht nur zu Simon hatte ich mich auf dem Weg gemacht, sondern auch zu ihr. Das war mehr als Willkommenskultur. Das war Liebe. Ich wandte mich ihr zu. Ich sah ihre ganze Not, die Verstrickungen, die sie in den Augen der ganzen Stadt zur „Sünderin" abgestempelt hatte. Ich sah sie in ihrer Liebe und gab ihr meine Liebesgabe. Ich zog sie aus dem Sumpf. Ich erklärte all ihre Not für Null und Nichtig. Befreite sie und machte sie groß. Mit einem Wort schenkte ich ihr den so lang ersehnten Frieden. Meine Gegenwart setzte ihre Liebe und ihr Vertrauen frei. Aus der Orientierungslosigkeit trat sie heraus und suchte bei mir Halt. Intensivste Zeichen der Zuwendung gab sie mir. Sie weinte so stark, dass sie mit dem Strom ihrer Tränen mir die müden und staubigen Füße wusch. An der Stelle eines Tuchs benutzte sie die eigenen Haare, um mir die Füße zu trocknen, die sie dann küsste und salbte. Eine fast stumme Szene. Zärtlich, intim, anrührend. Voller Liebe. Mütterliche, geschwisterliche Fürsorge. Darüber wurden alle Anwesenden in Erstaunen versetzt. Eine Außenseiterin, die nicht forderte, sondern gab, die nicht redete, sondern handelte, die ihre Gefühle nicht versteckte, sondern zeigte. Sie vergaß ihre Umgebung total und geriet außer sich. Die peinlich betretenen Blicke der von ihr abrückenden „besseren Gesellschaft" konnten sie nicht hindern, sich in ihrer Zuneigung und Dankbarkeit zu mir gehen zu lassen. Kühn, leidenschaftlich und herzbewegend, was ich später als „viel Liebe" bezeichnete und deren Ursache ihr „Glaube" war. Sie liebte ohne Maß, ohne Aufpasser und ohne Schambremse. Leidenschaftliche von aller Kontrolle befreite Liebe. Sie passte nicht auf sich selbst oder die anderen auf. Die Frau hätte wissen müssen, wie sehr sie den Pharisäer in seinem eigenen Haus provozierte. Doch ihr war das egal. Sonst hätte sie das Haus gar nicht betreten dürfen. Diese Hingabe ganz gegen alle inneren und äußeren Aufpasser war rettender Glaube! Während ich mir diese Berührung ruhig gefallen ließ, weder zurückzuckte noch zu trösten versuchte oder mich nach dem Grund ihres Weinens erkundigte, war mein Gastgeber äußerst peinlich berührt.

Das musste ja auch eine ungewöhnliche Unterbrechung gewesen sein. Aber aus dem peinlichen Zwischenfall wurde ein Akt der Befreiung. Die Störung durch das plötzliche Auftreten einer gar nicht eingeladenen Frau gewann einen neuen Sinn.

In der überschwänglichen Liebe dieser Frau spiegelte sich meine barmherzige Treue zum Menschen. Indem sie liebte, war ihr vergeben. Dass solche Liebe freigesetzt werden konnte, war für sie ein Zeichen für meine göttliche Nähe. „Dir sind deine Sünden vergeben", sagte ich zu ihr. Das war die Unterbrechung, auf die es ankam. Erst von dieser Zusage her gewann das Verhalten der Frau seinen Sinn.

Du gabst ihren Tränen eine Bedeutung, die zu Freudentränen wurden. Dem verständnislosen, arroganten Simon erläutertest du diesen Vorgang an einem Beispiel aus der Finanzwelt.

Der Pharisäer hatte seine Arroganz nicht einmal bemerkt. Zum einen, dass seine Haltung der salbenden Sünderin gegenüber gnadenlos überheblich war. Er fühlte sich ihr gleich mehrfach überlegen. Als Mann gegenüber einer Frau. Als moralisch hochstehender Mensch gegenüber einem moralisch niedrigstehenden Weib. Als kultisch reiner Mensch gegenüber der kultisch unreinen Prostituierten. Die zweite Taktlosigkeit leistete sich der Pharisäer gegenüber mir. Er unterstellte, dass ich nicht merkte, wer mich da salbte. Damit sank ich in seinem Ansehen gleich doppelt: Zu einen war ich für ihn kein richtiger Prophet; denn sonst hätte ich die Frau durchschaut. Zum anderen ließ ich mich von einer unreinen Prostituierten erotisch anmachen. Das disqualifizierte mich für Simon kultisch, menschlich und moralisch. Damit war er unglaublich arrogant. Er hielt sein Verhalten für normal, auf andere herabzusehen. Statt ihn direkt mit seiner Überheblichkeit zu konfrontieren, wählte ich ein Gleichnis, um Simon die Augen zu öffnen: „Ein Gläubiger hatte zwei Schuldner. Einer war fünfhundert Silbergroschen schuldig, der andere fünfzig. Da sie aber nicht bezahlen konnten, schenkte er's beiden. Wer von ihnen wird ihn am meisten lieben?" Das Gleichnis war einfach und klar und die Antwort lag auf der Hand. Entsprechend antwortete Simon. Ich lobte ihn dafür. Damit hatte ich ihn dort, wo ich ihn haben wollte. In aller Freundlichkeit legte ich ihm dar, dass Simon jenem Schuldner glich, der wenig geschenkt bekommen hatte, die Frau hingegen jenem, dem viel nachgelassen wurde.

Das war auf den ersten Blick eher anerkennend und ein Lob für den Pharisäer. Aber schnell wurde deutlich, dass es ein „vergiftetes" Lob war, das Simon wohl wenig Freude gemacht hatte.

Das stimmt. Zugleich bekam Simon einen Hinweis in eigener Sache: Er hatte mich nur maßvoll im Rahmen dessen, was der Anstand gebot, geliebt. Maßvoll und kontrolliert lieben, heißt wenig lieben. Der Pharisäer lebte und liebte nur mit Kontrolle und Maß. Er blieb anständig. Aber Glauben war das nicht. Meine Botschaft war klar: Der Stolz und sein Hochmut hatten Simon blind gemacht und blockiert. Er meinte alles zu verstehen und Herr der Situation zu sein. In Wirklichkeit aber war er ein Opfer seiner Eitelkeit. Er hatte die Chance, in mir dem Heil zu begegnen, gründlich vertan. Die Frau hingegen mit ihrem verpfuschten Leben, hatte wirklich alles gegeben. Sie setzte sich selbst total aufs Spiel und riskierte die Demütigung durch die Rechtschaffenen und Angesehenen. Aber sie gewann alles. In der Begegnung mit mir erreichte sie die Gottesnähe.

Du hast ja diese Geste der salbenden Frau beim „Letzten Abendmahl" aufgegriffen und die gleiche demütige Handlung an deinen Freunden vollzogen, indem du ihnen die Füße gewaschen und mit deinem Schurz getrocknet hast. Damit hast du dich als Diener der Menschen erwiesen. Was heißt das für mein Leben? Soll ich allem entsagen? Soll ich die Freude am Gelingen unterdrücken? Darf ich nicht selbstbewusst auftreten, wenn ich etwas gut kann? Darf ich nicht stolz sein auf meinen Erfolg?

Entscheidend ist, dass dein Selbstbewusstsein nicht in Arroganz und Hochmut umschlägt. Dass du nicht andere verachtest, sie demütigst und klein machst. Du sollst ja mit anderen „Stadt auf dem Berge" und „Licht der Welt" sein (Mat 5,14). „Was hast du, das du nicht empfangen hast?" fragte mein Apostel Paulus die Korinther, die sich ihrer besonderen Fähigkeiten rühmten (1. Kor 4,7). Es kommt darauf an, dass du alles, was du hast oder bist, was du kannst oder leistest als mein Geschenk betrachtest. Meine Mutter zeigt dir im Magnifikat diese Haltung. Mit ihren Worten kannst du wiederholen: „Meine Seele preist die Größe des Herrn und mein Geist jubelt über

Gott, meinen Retter. Denn auf die Niedrigkeit seiner Magd hat er geschaut … Denn der Mächtige hat Großes an mir getan und sein Name ist heilig" (Lk 1,46ff).

Ich trage den Pharisäer mehr oder minder ausgeprägt auch in mir. Die unangenehmen Seiten sehe ich leichter bei den Mitmenschen. So kann ich alle auf Anhieb anschwärzen, die sich nicht korrekt verhalten haben. Ich ertappe mich, wie dahinter der Gedanke steht: Ich bin nicht so! Ich bin besser!

Das Akzeptieren, dass du gleichwohl pharisäische Seiten an dir hast, kann letztlich dir dazu helfen, sowohl anderen als auch dir selbst gegenüber barmherziger zu sein. Anderen den erhobenen Zeigefinger zu zeigen ist zwar leicht, doch mit meinen Augen gesehen, der falsche Maßstab für ein gelingendes Leben. Bei mir kannst du weder durch Rechtschaffenheit noch durch Anstand ein Guthabenkonto eröffnen. Wenn du das meinst, wirst du buchhalterisch in deiner Selbstwohlgefälligkeit und deinen eigenen Leistungen stecken bleiben. Als Musterknabe oder Saubermann verlierst du Dynamik, Lebendigkeit, Wärme, Offenheit, Lachen, Lebenslust, Liebe und Wärme. Du wirkst quasi eingefroren, starr und unflexibel.

Der Simon ritt so großartig das hohe Ross. Er wusste so genau, was richtig und was falsch war. Mit seinen Gedanken hält er mir einen Spiegel vor Augen. Ich erkenne meinen eigenen Hochmut. Das hohe Ross, auf dem er ritt, ist meines. Ich fühle mich ertappt, möchte meine Fehler erkennen und wieder gut machen.

Auch ich gehe in dein Haus und lasse mich nicht abhalten von deiner Ungastlichkeit und deinen Fehlern. Ich habe trotz allem weiter Interesse an dir. Ich komme zu dir und lehre dich meine Liebe, die dich vom hohen Ross holt. Für die Pharisäerseite in dir möchte ich sagen: Freu dich an der rechtschaffenen und gradlinigen Art, die du in dir trägst. Sie geben dir Halt und Struktur. Du kannst damit in der Gesellschaft bestehen. Achte jedoch darauf, dass du nicht der Selbstgerechtigkeit verfällst. Verurteile andere nicht und verliere nicht den Bezug zur Lebendigkeit! Du brauchst dich nicht gegenüber anderen hell abzuheben, denn es gibt auch Schuld, Brüche und Abstürze in deinem Leben. Du wirst mit ihnen leben müssen, selbst, wenn sie dich sprachlos machen. Doch mit meinem Maßstab der Liebe kann auch dein Leben gelingen!

Ich denke, mit einer solchen Haltung der Demut lässt sich gleichsam das Ende der Dürrezeit für die Liebe einläuten.
Dieser Neuaufbruch der Liebe sollst du nicht nur den Wohlfahrtsorganisationen überlassen, nur weil du in einer glaubenslosen und kirchenfeindlichen Zeit lebst. Das gilt auch für ein Ende der Dürrezeit des Glaubens, den du nicht länger ins Museum stellen sollst. Gerade im Blick auf die großen moralischen Fragen der Gegenwart bist du auf diese heilsame Unterbrechung durch die Liebe herausgefordert.

Aber kann ich heute noch mit deiner Gegenwart rechnen, wo Entkirchlichung und Glaubenslosigkeit den Zugang zu einer solchen Liebe versperren? Ist dein Wirken in unserer Welt noch ein öffentliches Argument? Kann man deine Stimme noch zur Geltung bringen bei der Entscheidung über Konfliktfragen von heute: von der Em-

bryonenforschung bis zum Euthanasie-Wahnsinn, vom Schutz des Sonntags bis zur Gewährleistung des Religionsunterrichts in den Schulen? Oder muss ich mich damit abfinden, dass diese Fragen entschieden werden, als ob es dich nicht gäbe? Wo bleiben da die heilsamen Unterbrechungen?

Auch du kannst heilsamen Unterbrechungen bewirken. Sie fangen vielleicht störend an, indem du in deiner Umwelt anfängst, aus Liebe zu handeln. Lass dich von dieser Frau ermutigen, der du dich viel zu oft selbst kontrollierst und dir viel zu oft einen Kopf darübermachst, was die anderen denken, wenn du die Kreativität deiner Liebe und Barmherzigkeit freisetzt. Auch wenn andere daran Anstoß nehmen, nicht damit einverstanden sind oder sich sehr wundern. Dieser Frau, die viel liebte und sich mir ganz hin gab mit dem, was sie konnte und auf dem Herzen hatte, schenkte ich Vergebung. Eine Vergebung, die in die Freiheit führt; denn der „Mehrwert" der Vergebung ist Liebe. Die „Sprengkraft" der Vergebung aber öffnet Herzen, wo noch Missgunst dem Anderen immer Böses unterstellt. Auch zu dir sage ich: Geh in Frieden! Im Frieden mit dir und mit den Menschen, statt in Unruhe, Elend, Zerschlagenheit und Zerrissenheit. Glaube mir, ich schaffe es, dich zu öffnen, dich den distanzierten, zugeknöpften, kühlen Beobachter zur Mitfreude, zur Mitbefreiung zu verführen; zur Liebe nämlich.

GLAUBE, DER
TOTE LEBENDIG MACHT

Als Jesus zurückkehrte, empfing ihn viel Volk; sie hatten nämlich alle auf ihn gewartet. Da kam ein Mann mit Namen Jairus, der war Vorsteher der Synagoge. Er fiel Jesus zu Füssen und bat ihn, in sein Haus zu kommen. Denn er hatte eine einzige Tochter von etwa zwölf Jahren, und die lag im Sterben. Als Jesus hinging, erdrückten ihn die Leute beinahe …

Noch während er redet, kommt einer aus dem Haus des Synagogenvorstehers und sagt: Deine Tochter ist gestorben! Bemühe den Meister nicht weiter! Als Jesus das hörte, antwortete er ihm: Fürchte dich nicht, glaube nur, und sie wird gerettet werden! Er ging ins Haus und ließ niemanden mit sich hinein außer Petrus und Johannes und Jakobus und den Vater des Kindes und die Mutter. Alle weinten und klagten um sie. Er aber sprach: Weint nicht! Sie ist nicht gestorben, sie schläft. Da lachten sie ihn aus, weil sie wussten, dass sie gestorben war. Er aber ergriff ihre Hand und rief: Kind, steh

auf! Da kehrte ihr Geist zurück, und sogleich stand
sie auf. Und er befahl, man solle ihr zu essen geben.
(Lk 8,40-42;49-55)

Jesus, da war ein besorgter Vater. Seine einzige
Tochter schwebte in Lebensgefahr. Kein Arzt, keine Therapie, kein Gebet konnte sie noch retten.
Fassungslos standen die Eltern vor ihrem Bett. Sie,
ihr ganzer Stolz, ausgestattet mit vielen Gaben,
starb vor ihren Augen. Sie versank in einen to-
desähnlichen Schlaf. Niemand kannte den Grund
ihrer rätselhaften Krankheit. Im damaligen Israel
galt ein Mädchen mit zwölf Jahren als erwachsen,
als heiratsfähig. An dieser Schwelle, eine Frau zu
werden, scheiterte das Mädchen. Es verkümmer-
te. Ging ein. Sie hatte keine Kraft mehr aufzuste-
hen und sich dem Leben mit seinen Herausfor-
derungen zu stellen. Sie hatte keine Kraft mehr
weiter zu wachsen und sich zu entfalten. Schritte in eine Unabhängigkeit von den Eltern waren ihr verwehrt. Ein Kind zu verlieren ist wohl
das Schlimmste, was Eltern passieren kann. Es
war nicht irgendein Mädchen, es war die Tochter des Synagogenvorstehers, vergleichbar mit
einem heutigen Gemeinderats-Vorsitzenden. Ihre

Krankheit hatte Öffentlichkeitswert. Von der Rolle, die ihr Vater in Kafarnaum spielt, leitete sich das allgemeine Interesse an seiner Tochter ab. In seiner Verzweiflung wandte er sich an dich. Er hatte von dir als Wanderprediger, von deinen Lehren und Taten schon gehört. Also machte sich Jairus auf den Weg.

Er drängte sich durch die Menschenmenge, die mich umringte. Als er mich sah, fiel er mir zu Füßen und flehte mich an: „Meine Tochter liegt in den letzten Zügen. Komm und lege ihr die Hände auf, dass sie wieder gesundwird und lebt." Ich erkannte die Not des Mannes, sein Vertrauen zu mir und willigte ein. Gemeinsam machten wir uns auf den Weg zurück.

Besonders eilig hattest du es allerdings nicht, musste Jairus besorgt feststellen. Und das, obwohl für seine Tochter doch jede Minute zählte.

Es war nicht leicht, vorwärtszukommen inmitten all dieser Menschen, die mich sahen und mit mir reden wollten.

Jairus' Erleichterung über deine zugesagte Hilfe wich wieder aufkeimender Verzweiflung, als du dann auch noch stehen bliebst und eine Diskussion darüber anfingst, wer gerade deine Kleider berührt habe. Und das in einer Menschenmenge, in der die ganze Zeit jeder jeden anrempelte. Auch die Jünger fragten dich erstaunt, was das denn solle (Mk 5,31).

Jedoch, ich ließ mich nicht beirren. Da meldete sich eine Frau zu Wort, die seit Jahren an Blutfluss gelitten hatte. „Ich wusste, ich werde gesund, wenn ich nur dein Gewand berühre", stammelte sie. Und ich beruhigte sie: „Meine Tochter, dein Glaube hat dich gesund gemacht; geh in Frieden" (Mk 5,34). Dann endlich ging es weiter. Doch als ich aufblickte, sah Jairus bereits Boten auf sich zueilen. Sofort wusste er, was geschehen war. „Deine Tochter ist gestorben; was bemühst du weiter den Meister?", riefen sie ihm entgegen (Mk 5,35) und begannen, ihn von mir weg zu zerren.

Und was geschah dann?

Die Trauer um seine Tochter wollte Jairus schon überrollen, als er mich sagen hörte: „Fürchte dich nicht, glaube nur!" (Mk 5, 36). Jairus beschloss, mir einfach weiterhin blind zu vertrauen. Ich ging mit ihm und die Volksmenge folgte uns. Sie dachten: Jetzt gibt es ein Spektakel, eine Sensation, ein Wunder. Das wollen wir uns nicht entgehen lassen. Aber ich wollte mich nicht vorführen lassen wie ein Zirkuspferd. Deshalb ließ ich einen Großteil meiner Jünger bei der Menschenmenge zurück und eilte mit Jairus und seinen engsten Vertrauten zu ihm nach Hause. Das Geheul der Klageweiber war schon von weitem zu hören. Traurig und aufgebracht liefen alle durcheinander, als wir das Haus betraten.

Bliebst du weiterhin unbekümmert?

„Was lärmt und weint ihr?", fuhr ich die Klageweiber an, als gäbe es gar keinen Grund für ihr lautstarkes Ritual. „Das Mädchen ist nicht tot. Es schläft" (Markus 5, 39). Da lachten sie mich aus, die sich ja mit dem Tod auskannten. „Da hast du wohl eine falsche Diagnose gestellt", rief eine inmitten des Gelächters. Dann warf ich die ganze „Bagage" hochkant zur Tür hinaus. Souverän durchbrach ich die Mauer der Klage hin zum Leben. Plötzlich war es still im Haus. Ich forderte Jairus auf, seine Frau und meine drei anwesenden Jünger, Johannes, Jakobus und Petrus, die auch bei meiner Verklärung und meiner Agonie in Getsemani dabei waren, mit mir in die Kammer des Mädchens zu kommen. Jairus sah seine Tochter reglos in ihrem Bett liegen. Sie atmete nicht mehr. Ich ließ die Eltern aber gar nicht weiter nachdenken. War ich doch selbst durch die Not um ihre Tochter zutiefst innerlich berührt. Nun sollte durch meine äußerliche Berührung wieder das Leben in den Adern des Mädchens fließen. Noch ehe die Anwesenden wussten, was geschah, ergriff ich es bei der Hand und sprach: „Talita kumi!" Dieser aramäische Satz war kein magischer Zauberspruch, sondern ein Kosenamen für ein kleines Kind: „Zicklein, steh auf!" Ihr würdet vielleicht heute Bambi sagen. Damit ermutigte ich das Mädchen sich zu erheben und wach zu sein für die Regungen des Lebens. Und sogleich stand es auf und ging umher. Jairus und seine Frau starrten sprachlos ihre Tochter an und konnten gar nicht fassen, was sie da sahen. War das ein Geist, oder war sie wirklich wieder lebendig geworden? Ich machte auch jetzt kein großes Aufheben um die Sache und riet ihnen nur, sie sollten dem Mädchen etwas zu essen geben.

In diesem Moment musste Jairus begriffen haben, dass tatsächlich seine Tochter lebendig und gesund war wie früher. Ein Geist kann schließlich nichts essen.

Unbändige Freude machte sich in ihm breit. Am liebsten wäre er gleich auf die Straße gerannt und hätte jedem erzählt, dass seine Tochter lebte. Ich aber gebot den Eltern streng, dass niemand etwas davon wissen sollte. (Mk 5, 43). Das Schweigegebot wies darauf hin, dass ich nicht einfach nur ein Wunderheiler war – wie andere –, sondern dass mein Geheimnis sich in meinem Tod und meiner Auferstehung offenbaren würde. Natürlich erzählte Jairus die Geschichte später trotzdem immer wieder. Zu groß war seine Freude, als dass er dieses Wunder hätte für sich behalten können. Bald wusste jeder in Kafarnaum, mit welcher Selbstverständlichkeit ich den Tod überwunden und seiner Tochter das Leben neu geschenkt hatte. Für Jairus wurde wahr, was ich überall verkündete: Das Reich Gottes ist bereits angebrochen. Mein himmlischer Vater führt jeden, der sich ihm im Glauben zuwendet, auf den Weg zum Leben.

Die Boten hatten zu Jairus gesagt: „Das Mädchen ist tot. Du brauchst den Meister nicht mehr zu bemühen. Aus und vorbei, jetzt gibt es nichts mehr zu hoffen." Manchmal flüstern auch mir Stimmen ins Ohr: „Zu spät. Der Zug ist abgefahren. Endstation. Da ist keine Hoffnung mehr. Deine Freude, dein Lebensmut sind dahin, so dass deine Tage einer Wüste gleichen, wo nichts wachsen und gedeihen will." Diese Stimmen flüstern weiter: „Dein Glaube hilft da nicht weiter." Auf Schritt und Tritt begegne ich Menschen, die erschüttert sind von der Globalisierung, von Bürgerkriegen, von Hunger, von der Zunahme der Brutalität und der menschengemachten Klimaveränderung. Wie viele sind oder fühlen sich durch die Corona-Pandemie isoliert und ausgegrenzt, behandelt wie Unreine? Überall werden große Vorsichtsmaßnahmen und Strategien entworfen, Weisungen durchgegeben und Hamsterkäufe getätigt. Es kann heute kein Zweifel mehr daran sein: Die Entwicklung treibt dunkeln Möglichkeiten entgegen. Einen Teil werden wir ausbaden. Aber dann unsere Kinder?! Wie soll ich mich da verhalten? Dich weiter noch bemühen? Darf ich deinem Wort trauen? Oder muss ich aufgeben und meine Hoffnungen begraben?

„Talita kumi", es sind meine Worte gegen jede Verzweiflung. Das Unmögliche ist möglich! Auch ich schenke dir, wo immer du bist, Hoffnung, die sich durch nichts entmutigen lässt! Du darfst mich bitten, dass ich dich schütze und führe. In allen Lebensbelangen. Andere mögen den Kopf schütteln und darüber lachen. Ich lasse mich durch die Lacher nicht irritieren. Deshalb sage ich zu dir: „Hab keine Angst, glaube nur!" Die Welt mit meinen Augen zu sehen, verändert alles. Wo du aufhörst, nur auf dich selber und deinen eigenen Möglichkeiten zu verlassen, da wächst Hoffnung, da entsteht Neues. Die Dinge, die du totglaubst, müssen nicht für immer gestorben sein. Es kann gut sein, dass sie nur im Tiefschlaf verweilen und durch mich zu neuem Leben erweckt werden können. Deshalb brauchst du in schwierigen Beziehungen und scheinbar verlorenen Situationen nicht aufzugeben. Selbst ein Leben, das jeden Glanz und Lichtblick verloren hat, muss nicht in Resignation enden. Auch wenn du an Jahren fortgeschritten bist, und nur noch wenig Lebenszeit hast: Es gibt Zukunft, es gibt Hoffnung! Selbst ein Glaube, der wie tot daliegt, kann neu erwachen und erstarken. Ich spreche auch zu dir: „Talita kumi! Ich befehle dir, steh auf!"

Ich darf also zu mir stehen. Nicht am Boden liegend, sondern aufrecht. Ich habe das Recht, mich auf eigene Beine zu erheben und meinen Weg zu gehen.

Ein wichtiger Schritt dabei bei ist die Erkenntnis, dass du mit eigener Kraft nicht weitergehen kannst und umkehren sollst zur Quelle des Lebens. Jairus hatte erkannt, wie spät es war. Er warf sich mir vor die Füße. Diese Demut brauchst auch du. Weg von allem falschen Stolz, weg von aller Einbildung auf deine gutbürgerliche Bravheit. Jairus war demütig und mutig zugleich. Das größte Hindernis für seine neue Hoffnung waren die Flötenbläser und Klageweiber. So sollst auch du nicht jammern über „diese böse Welt", aber dafür umso intensiver beten, dass ich diese „gut geschaffene Welt" durch die Umkehr zu mir segne und bewahre.

GLAUBE, DER
AUF DIE NERVEN GEHT

Jesus sagte ihnen durch ein Gleichnis, dass sie allezeit beten und darin nicht nachlassen sollten: In einer Stadt lebte ein Richter, der Gott nicht fürchtete und auf keinen Menschen Rücksicht nahm. In der gleichen Stadt lebte auch eine Witwe, die immer wieder zu ihm kam und sagte: Verschaff mir Recht gegen meinen Widersacher! Und er wollte lange Zeit nicht. Dann aber sagte er sich: Ich fürchte zwar Gott nicht und nehme auch auf keinen Menschen Rücksicht; weil mich diese Witwe aber nicht in Ruhe lässt, will ich ihr Recht verschaffen. Sonst kommt sie am Ende noch und schlägt mich ins Gesicht. Der Herr aber sprach: Hört, was der ungerechte Richter sagt! Sollte Gott seinen Auserwählten, die Tag und Nacht zu ihm schreien, nicht zu ihrem Recht verhelfen, sondern bei ihnen zögern? Ich sage euch: Er wird ihnen unverzüglich ihr Recht verschaffen. Wird jedoch der Menschensohn, wenn er kommt, den Glauben auf der Erde finden? (Lk 18,1-8).

Jesus, in deinem Gleichnis spielt die Hauptrolle eine Witwe. Damals hat man 13- bis 14-jährige Mädchen mit älteren Männern verheiratet. Man konnte also schon jung Witwe werden. Diese war bis dahin Eigentum ihres Mannes, der für sie sorgen musste. Jetzt ist sie plötzlich abhängig von ihren Verwandten. Und diese sind ihr anscheinend nicht wohl gesonnen. Sie aber will ihr Recht auf die Erbschaft. Nur so kann sie ihren Kindern eine Zukunft ermöglichen. Sie lässt sich nicht vertrösten bis der Herr Richter geruht, ihren Vorgang zu bearbeiten. Sie kommt immer wieder. Sie nervt. Sie kann dem gottlosen Mann keine Bestechungsgelder geben. Sie hat nur eine Waffe in der Hand: Ihre Beharrlichkeit. Eine Witwe ohne männlichen Beistand war zur damaligen Zeit völlig hilf- und rechtlos. Als alleinstehende Frau hatte sie keinerlei Anspruch vor dem Gesetz. Sie stand am untersten Ende der sozialen Leiter. Sie war ohne Rechtsbeistand, ohne Geld. Keine Rentenansprüche, keine Sozial- oder Krankenversicherung, keine Macht. Ihr einziges Recht ist, leben zu dürfen. Aber wie sie das hinkriegen soll, ist ihr eigenes Problem. Mit ihr kann jeder machen, was er will. Ohne Familie im Hintergrund steht ihr kein Schutzraum zur Verfügung. Normalerweise würde eine Witwe damals froh sein, wenn sie nicht auffällt. Hier aber pocht ein Mensch ohne Stimme beharrlich auf sein Recht. Sie erinnert den Richter, dass er kein Rechtsverdreher, sondern ein Rechtsvertreter ist. Sie packt ihn an seiner Ehre und schließlich am Kragen. Der Richter ist eine Fehlbesetzung. Er strotzt vor Selbstbewusstsein. In seiner Selbstgefälligkeit wird er hart. Wie eine steinerne Wand. Er fürchtet weder Gott noch achtet er seine Mitmenschen. Die Frau ist ihm völlig schnuppe. Nun knickt dieser mächtige Mann vor der unbedeutenden Witwe ein. Ihr penetrantes Nachfragen wird ihm einfach zu dumm. Aus niederen Motiven hält er es für besser, sie vom Hals zu halten, bevor sie noch auf andere dumme Gedanken kommt und ihm ein blaues Auge schlägt. Würde sie das tun, wäre sie schneller im Gefängnis, als sie schauen kann. Diese schlagkräftige und ausdauernde Witwe aber geht in den Ring. Jesus, als du diese Geschichte als ein Gleichnis erzähltest, hätte wohl kaum einer auch nur einen Cent auf die Frau gesetzt. Zu aussichtslos schien dieser Kampf.

Ich aber setzte alles auf die Witwe und schrieb meinen Jüngern diese Geschichte in ihr Herz. Heute schreibe ich sie in dein Herz. Dieses Gleichnis ist eine Verzweiflungsgeschichte, die zu einer Hoffnungsgeschichte wird. Eine Mutmachgeschichte, die dich anspornen will, dran zu bleiben an der Zuversicht, dran zu bleiben wider allen Augenschein, dran zu bleiben an der Gewissheit, dass dich nichts trennen kann von meiner Liebe, auch wenn manche Lebenserfahrungen diese Gewissheit verdunkeln möchten.

In dieser Verdunkelung bedrängt mich immer wieder die Frage: Wie gut oder wie schlecht sind meine Chancen vor dir? Öfter komme ich mir auch so vor wie diese kleine, rechtlose Witwe. Wie steht es um meine Gebetserfahrung? Manchmal denke ich: „Was solls? Nutzt ja doch alles nichts. Gebete prallen an Gott ab." Ich habe nichts in der Hand, womit ich dich bestechen und mein Recht durchsetzen kann? Wie oft habe ich so manches

Gebetspaket geschnürt, es abgeschickt und dann die Erfahrung gemacht: Es kam unerhört zurück. Annahme verweigert.

Dann stelle dir doch die entscheidende Frage; was hat diese Witwe eigentlich gefordert? Was klagt sie denn vor dem Richter ein? Ein monatliches Einkommen oder soziale Gerechtigkeit? Einen höheren Lebensstandard oder überhaupt ein besseres Leben? Nein, nichts von alledem. Diese Witwe klagt ihr Recht ein! Sie fordert, was ihr rechtmäßig zusteht.

Womit sich die Frage ergibt: Habe ich Rechte vor dir? Was steht mir rechtmäßig zu?

Du hast vor mir einen Rechtsanspruch darauf, was ich dir vermacht habe. Das ist dein rechtmäßiger Besitz. Durch mein Leben, durch mein Leiden, durch mein Sterben und durch meine Auferstehung hast du ein Recht auf meine Liebe und Barmherzigkeit, auf Heil und ewiges Leben.

Trotzdem bleiben mir noch meine ganz persönlichen Ängste. Da ist zum Beispiel das über der ganzen Menschheit hängende drohende Damokles-Schwert der Corona-Pandemie. Eine bedroh-

liche Situation, die mich drängt, sie vor dich zu bringen. So wie die Witwe. Immer und immer wieder. Darf ich darauf hoffen, dass meine Bitten und Wünsche erhört werden? Kann ich davon ausgehen, dass du dich um mich kümmerst? Oder ist alles Illusion und Vertröstung, um die Wirklichkeit abzumildern? Diese Fragen sind die Begleitmusik meines Glaubens. Oder bleibt mir nur die Abwandlung eines Liedes: „Tausend Mal probiert – und tausend Mal ist nichts passiert". Soll ich am Ende aus Enttäuschung die Flinte ins Korn werfen?

Du weißt sehr gut, dass deine ernsten Probleme nicht verschwinden, wenn du nicht mehr darum betest. Sie sacken vielleicht in dein Unterbewusstes wie ein Programm auf deinem PC, das im Hintergrund läuft. Du merkst es nicht. Aber deine Lebenskraft wird davon aufgesaugt. Wer nicht betet, meint, alles sei machbar, wenn er die Dinge selbst in die Hand nehme. Er handelt, als könne er die Welt bewegen. Diese Haltung führt aber auf Dauer zu einem Bum-out! Beten ist auch heute in! Bemühe dich, darin nicht nachlässig zu werden. Der Kampf und der tägliche Frust neben all den frohmachenden Erfahrungen werden immer

Hand in Hand gehen. Aber unsichtbar hinter dem sichtbaren Geschehen stehe ich. Ich will dir Kraft und Ausdauer schenken für das Gebet. Ich will meine Verheißungen für dich erleb-und greifbar werden lassen und deinen sichtbaren Horizont erweitern. Solche Erfahrungen aber werden nicht den „Instant-Betern" geschenkt, die schnell und zügig ihre Bitte loswerden wollen und möglichst mit einem 24-Stunden Service die Erfüllung im Briefkasten haben. Wenn du ausdauernd betest, signalisierst du der irdischen und himmlischen Welt, dass du ohne mich mittellos bist, auch dann, wenn du scheinbar viele Mittel hast. Darum darfst du alles von mir erwarten und geduldig sein, auch wenn deine Zeit nicht meine Zeit ist.

Aber manchmal erscheint mir das Warten zu lange.

Trotzdem ermutige ich dich, deine Probleme vor mich zu bringen und nicht damit allein zu bleiben. Ich beuge mich zu dir herab. Ich schlüpfe deinetwegen sogar in die schäbige Rolle des Richters, um dir daran meine Liebe zu verdeutlichen. Ich interessiere mich für dich und weiß, was du brauchst: Brot, wenn du hungrig bist. Eine Hand, die sich dir reicht, wenn die Wellen über dir zusammenschlagen. Gesundheit, wenn dein Leben unerträglich wird. Du bist mir nicht gleichgültig; denn dein Name ist in meine Hand tätowiert. Da ich so intensiv mit dir verbunden bin, will ich nur dein Bestes und achte auf dein Rufen. Deshalb möchte ich auch, dass du die Beziehung zu mir pflegst und mir dein Vertrauen weiter entgegenbringst. Es macht Sinn, mir deine Wünsche eindringlich zu sagen. Auch dann, wenn deine Bitten nicht nach deinen Vorstellungen erfüllt werden. Im Gebet beziehst du dich ein in meine lebendige Gegenwart. In dieser Verbundenheit mit mir gewinnt mein Traum mit dieser Welt die Oberhand und dein Eigenwille wird konform mit meinem Willen. Das freilich verlangt Demut, Geduld und Eintauchen in die Stille. So wird das unablässige Beten zum Motor der Mitwirkung am Kommen meiner Herrschaft in dieser Welt.

Es geht beim Gebet nicht darum, eine Pflicht zu erfüllen, damit ich mit dir zufrieden bin. Es geht nicht darum, auswendig gelernte Worte aufzusagen. Es geht nicht einmal darum, zu beten, damit du dich besser fühlst. Es geht vielmehr da-rum, dein Leben mit mir zu leben und in meine Hände zu legen. Und das jeden Tag aufs Neue.

Aber ich möchte nicht machtlos sein. Unabhängigkeit ist in unserer Gesellschaft ein erstrebenswertes Ziel! Wenn es mir gut geht und ich mich wohl fühle, wenn meine Beziehungen funktionieren und meine Arbeit gut läuft, wenn ich alles im Griff habe, dann bin ich doch nicht abhängig. Oder doch?

Spätestens wenn es dir nicht so gut geht, wenn Freundschaften in die Brüche gehen, wenn deine Arbeit dich auffrisst oder du keine mehr hast, wenn Krankheit und Tod dein Leben bedrohen. Wenn dir alles aus den Händen gleitet, dann spürst du, dass du überhaupt keine Macht hast und absolut abhängig bist. Abhängig von der Meinung anderer Menschen, abhängig von deinem Leistungsvermögen, abhängig von dem, was dein Leben lebenswert macht. Spätestens dann fällt dir wieder ein, dass du dich in meine Arme werfen kannst und dass ich dich halte. Dass letztlich nur ich deinem Leben Sinn, Zufriedenheit und Zuversicht schenken kann und es auch tue, wenn du mich darum bittest. Dann wirst du die Erfahrung machen, dass es ein erfülltes Leben gibt trotz vieler unerfüllter Wünsche.

Manchmal finde ich mich in der Situation des Richters, wo ich mich nicht entscheiden will, wo mir eine Entscheidung unendlich schwerfällt, wo ich glaube, keine Grundlage zu haben, wo ich mich auch gegen jemand, gegen die Mehrheit, gegen etwas politisch Korrektes entscheiden muss.
Das Gleichnis ist ein Auftrag, eine Ermunterung, ein Zuspruch zum Handeln, zum Entscheiden, damit du Stellung beziehst, um die Wahrheit zu sagen, nicht nur, wenn es dir nützt.

In meinem Alltag geht das Gebet leicht unter. Da stehe ich morgens früh auf, denke sofort an die vielen Aufgaben, die ich am Tag zu erledigen habe. Ich lege mir meine Pläne zurecht, versuche sie zu sortieren und zu organisieren. Zeitmanage-

ment ist da ein ganz wichtiges Stichwort, damit Beruf, Familie und andere Dinge zu ihrem Recht kommen. Wo bleibt da noch Zeit für das Gebet?

Ich weiß, dass das Sichtbare, Vordergründige und Messbare viel attraktiver auf dich wirkt als das Unsichtbare und Geistige. Ich weiß, dass du die Macht mehr liebst als die Ohnmacht. Den Erfolg mehr als den Misserfolg, die fromme Leistung mehr als das Hören auf meine Stimme, das Reden mehr als das Schweigen. Du kannst auch an der falschen Stelle deine Zeit einsparen. Mache nicht eine Aktion nach der anderen! Organisiere und verwalte dich nicht zu Tode! Werde wach für das, worauf es eigentlich ankommt. Schaufle dir den richtigen Zeitpunkt frei und schau auf mich! Rede mit mir! Vertraue dich mir an! Gönne dir diese stille Zeit. Lese etwas in der Bibel. Spreche öfters ein einfaches, kurzes Gebet. Zünde mal eine Kerze an. Beten schenkt dir innere Ruhe und Gelassenheit. Rechne damit, dass ich selbst mitten in deinem Alltag dir begegne, auf dich zukomme, für dich da bin! Im Gebet gibst du etwas an mich ab, lässt dich ganz fallen und empfängst etwas neu. Das ist mehr als psychosomatische Auswirkungen, um besser den stressigen Alltag zu bewältigen.

Für manche Anliegen bete ich manchmal jahrelang. Und nichts tut sich. Du jedoch sagst hier, dass Gott den Seinen Recht in Kürze verschaffen wird. Wie soll ich diesen Widerspruch deuten?

Den Zeitpunkt bestimme ich. Während du bittest, wird dir die Zeit lang. Doch vom Ziel aus betrachtet bekommt die Wartezeit einen Sinn als Vorbereitung auf deinen Weg mit mir. Wenn du betest, trittst du nicht gegen den Chipsautomat, damit er die Chips schneller ausspuckt, sondern du trittst in Kontakt zu mir. Du bittest oft für Schuhe, die dir noch zu groß sind. Du möchtest den Wachstumsschritt überspringen und gleich deine Bitte erfüllt sehen. Du möchtest – im Bild gesprochen – Pianist sein, ohne jahrelang Klavier üben zu müssen. Doch das anhaltende Gebet verändert und regt an zum Wachsen. Du streckst dich dabei aus nach dem, was ich dir schenken will. Du wirst sensibel für meine Richtung und meinen Willen. Vielleicht sieht die Erhörung am Ende ganz anders aus als dein anfänglicher Wunsch. Dann kannst du mir nur danken, dass ich mich mit dir auf den Weg gemacht und dich so geformt habe, dass es zu deiner Gebetserhörung passt.

Das Selbstbewusstsein der Witwe beeindruckt mich. Sie tritt sehr resolut auf. Auf Augenhöhe vor dem Richter, der seinen Rechtsspruch hinauszieht bis auf den Sankt-Nimmerleinstag: „Kommense morgen ..." „Ach, Sie schon wieder! Nein, jetzt nicht. Kommense nächste Woche wieder ..." Sie lässt sich weder vertrösten noch von gesellschaftlichem Abstieg, von Diffamierungen irritieren. Sie ist zäh und karatefähig. Sie erinnert mich an Lobbyisten für Menschenrechte, Armutsbekämpfung oder Klimaschutz heute, die oft erfolgreich sind. An die Anti-Atom-Bewegung, die Freiheitsbewegungen in Osteuropa, die Anti-Apartheidsbewegung und viele mehr. Bloßstellen ist auch heute noch eine Waffe der Schwachen und Entrechteten. Die Angst vor Ansehensverlust und öffentlicher Beschämung bringt heute manchen Konzern zum Einlenken und manchen Steuerflüchtling zur Selbstanzeige. Der Richter sieht sich keiner gewaltfreien Aktivistin gegenüber. Denn das „ins Gesicht schlagen" ist eindeu-

tig gewalttätig. Er sieht sich bedroht, öffentlich lächerlich gemacht zu werden. Er handelt nicht aus Einsicht, wendet sich nicht zum Guten. Er hat nur Angst vor Entehrung, Rufverlust, Bloßstellung und Ansehensverlust.

Der Richter ist in gewisser Weise eine Negativfolie meines himmlischen Vaters, der die Menschen liebt, der mich, seinen Sohn, zu euch geschickt hat, um seine Liebe zu beweisen. Der Richter in meinem Gleichnis hat Macht, aber keine Liebe, keinen Respekt, keine Achtung. Er liebt sich selbst. Ich habe bewusst einen gottlosen Kadi für meinen Vergleich gewählt. Weil ich weiß, dass Gottlosigkeit, Ablehnung und unerfüllte Wünsche deinen Erfahrungsbereich kennzeichnen. Darum steht dem Richter die mittelose Witwe gegenüber. Eine Frau, die schwere Zeiten, Erniedrigung und bittere Enttäuschungen hinter sich hat. Wenn es tatsächlich einen Richter gibt, der noch dazu böse und ungerecht ist, der sich von einer armseligen Witwe breitschlagen lässt, um ihr zu helfen, um wie viel mehr muss das dann bei mir möglich sein, wenn du mich um Hilfe bittest. Ich will keine kleinen Kriecher, die sich mit frommen Sprüchen abspeisen lassen, sondern kraftvolle Beter.|Drängele mich und deine Bitte wird erfüllt, auch wenn manche Erfahrungen auf den ersten Blick dagegensprechen. Weil deine Gedanken nicht immer meine Gedanken sind.

Was mir in meinem Glauben immer wieder zu schaffen macht, ist die Frage: Warum lässt du das alles zu: die Kriege, die Seuchen, den Hunger in der Welt, das zunehmende Gefälle zwischen arm und reich, die Umweltkatastrophen.

Ich bin kein Führergott, der alles regelt, wenn man ihn nur bittet. Ein Gott, der alle Probleme löst und kein Unrecht zulässt, stünde im Widerspruch zur Schöpfung der Freiheit. Wer sich aus der Begründung von mir abwendet, es gäbe so viel Unrecht auf der Welt, als dass er an den guten Schöpfergott glauben könne, hat letztlich den Wunsch nach einer Welt ohne wirkliche Freiheit. Zugespitzt bedeutet das eine Sehnsucht nach einer autoritär guten, aber unfreien Welt. Die Schöpfung der Freiheit bedeutet, dass ihr das Böse in Freiheit selbst überwinden müsst. Mehr noch: Die Vorstellung eines Gottes, der alles zur Zufriedenheit der Bittenden löst, eines immer verfügbaren und lie-

fernden Gottes, wäre ein Roboter-Gott. Schöpfung
in Freiheit ist jedoch nur sinnvoll, wenn man auch
mir meine Freiheit zugesteht.

**Jesus, warum deine bestürzende Frage am Ende:
„Wird jedoch der Menschensohn, wenn er kommt,
auf der Erde noch Glauben vorfinden?" Spielst du
damit auf dein zukünftiges Wiederkommen an.**

Diese meine Worte sind ein Werben um eine
Antwort auf meine Liebe. Deshalb meine Frage: Werde ich unter euch Menschen finden, die
mir vertrauen? Die mir ihr Innerstes offenle-
gen und Hilfe erwarten? Wird meine Praxis, in
der ich unentgeltlich behandle, aufgesucht werden? Oder wird das Wartezimmer gähnend leer
bleiben? Oder lauft ihr irgendwelchen Propheten nach, die euch Selbsterlösung versprechen?
Deshalb die „Gretchenfrage" auch an dich: Rechnest du mit mir? Oder bist du nur mit dir selbst
und deinen Problemen beschäftigt? In der Zusage auf mein Wiederkommen gebe ich dir die Hoffnung, dass du nicht in deinem alltäglichen Leben
einfach aufgehen, sondern darüber hinausgehen
sollst! Als der kommende Herr sorge ich mich
nicht nur um deine Zukunft, sondern auch um

deine Gegenwart. Ich komme hier und jetzt auf dich zu! Ich begegne dir mitten in deinem Alltag. An der Stelle, wo du gerade stehst und was du gerade erlebst. Drum sage ich dir: Mach die Augen auf! Es gibt mehr, als das, was du siehst und für realistisch hältst! Geh wachsam durchs Leben! Schau neu auf mich, deinen Gott, der dir begegnen will! Vertrau auf mich und rede mit mir im Gebet! Und du wirst sehen: Es lohnt sich! Glaube daran, dass ich dich hinter all deinen Masken kenne und liebe. Glauben daran, dass ich dich verstehe: die Rollen, die du spielst, die Gedanken, die du versteckst, den Krampf, unter dem du selbst leidest. Glaube daran, dass ich auch dein unausgesprochenes Gebet erhöre. Dann wird sich dein Lärm und deine Hektik in große Ruhe verwandeln. Aus deiner Flucht in den Schlaf wird der Mut für den Tag erwachen. Deine Dunkelheit verwandelt sich zu einem neuen Morgen.

Glaube, der Früchte bringt

Ich bin der wahre Weinstock und mein Vater ist der Winzer. Jede Rebe an mir, die keine Frucht bringt, schneidet er ab und jede Rebe, die Frucht bringt, reinigt er, damit sie mehr Frucht bringt. Ihr seid schon rein kraft des Wortes, das ich zu euch gesagt habe. Bleibt in mir und ich bleibe in euch. Wie die Rebe aus sich keine Frucht bringen kann, sondern nur, wenn sie am Weinstock bleibt, so auch ihr, wenn ihr nicht in mir bleibt. Ich bin der Weinstock, ihr seid die Reben. Wer in mir bleibt und in wem ich bleibe, der bringt reiche Frucht; denn getrennt von mir könnt ihr nichts vollbringen. Wer nicht in mir bleibt, wird wie die Rebe weggeworfen und er verdorrt. Man sammelt die Reben, wirft sie ins Feuer und sie verbrennen. Wenn ihr in mir bleibt und meine Worte in euch bleiben, dann bittet um alles, was ihr wollt: Ihr werdet es erhalten. Mein Vater wird dadurch verherrlicht, dass ihr reiche Frucht bringt und meine Jünger werdet. Wie mich der Vater geliebt hat, so habe auch ich euch geliebt. Bleibt in meiner Liebe!

Wenn ihr meine Gebote haltet, werdet ihr in meiner
Liebe bleiben, so wie ich die Gebote meines Vaters ge-
halten habe und in seiner Liebe bleibe. (Joh 15.1-10)

Jesus, das buntgescheckte, manchmal selbstgenähte Stück Stoff, das Mund und Nase bedeckt, ist zum Symbol der Corona-Krise geworden. Masken sollen die Verbreitung der Viren verhindern, aber sie verbergen auch Gesichter. Manchmal erkenne ich meinen Nachbarn nicht mehr. Passanten auf der Straße vermeiden es, dem Freund, den sie treffen, die Hand zu schütteln. Gemeinschaft besteht darin, Gemeinschaft zu vermeiden. Wie die Maske zum Symbol des Abstands geworden ist, so nehmen deine „Weinworte" den Glaubenden jeden Abstand. Du hast selbst Weinstöcke zum Symbol unseres Zusammenseins gemacht.

Wenn ich von Weinstöcken und Reben spreche, dann bette ich diese in eine größere Tradition ein. Im alten Israel bauten die Menschen Wein an. Sie tranken ihn und sahen darin ein besonderes Bild. Schon für den Psalmendichter gehörte der Wein zusammen mit Brot und Olivenöl zu den unverzichtbaren Nahrungsmitteln, die in guter Qualität das Herz des Menschen erfreuen (Ps 104,15).

Das Alte Testament erzählt in Gleichnissen davon, dass mein himmlischer Vater sich um das Volk Israel kümmert wie ein Winzer um seinen Weinberg. Penibel achtet er auf das Wachstum der Reben, sorgt sich um jeden einzelnen Weinstock. Er lockert den Boden auf, jätet Unkraut, reißt die alten Weinstöcke aus und pflanzt neue. Er ist wie ein Winzer, der seine Schöpfung pflegt. Mein Vater sorgt – auch in Corona-Zeiten – für diese Welt, seine Schöpfung. Er lässt kranke, isolierte, ängstliche Menschen nicht allein. Er hält sich an seine Verheißungen und Versprechungen. Nicht umsonst galt mein erstes Wunder dem fehlenden Wein bei der Hochzeit zu Kana (Joh 2,1-12). Dort wunderten sich die Gäste, wieso der beste Wein erst am Ende der Feier serviert wurde. Und Maria, meine Mutter freute sich darüber, wie ich dieses Wunder mit einer Selbstverständlichkeit und Gelassenheit vollbrachte als handele es sich um das Entkorken einer Reihe von verstaubten Flaschen, die tief unten im Weinkeller gelagert waren.

Wein kann für Wunder begeistern. Wein regt an, sich frei zu sprechen. Wein bedeutet Frieden, Wachstum, Genuss und Wohlstand, Segen. Du sprichst mitten im Weinberg von Bildern und Vergleichen, die deinen Zuhörern damals sehr vertraut waren. Worin besteht eigentlich die Verbindung zwischen dir, dem Weinstock, und mir, dem Rebzweig?

Es ist die Liebe, von der ich so nachhaltig und eindrücklich gesprochen habe: „Bleibt in mir und ich in euch." Das ist die wichtigste Bestimmung eures Glaubens: In meiner Liebe bleiben. Diese übersteigt alles Berechnen und Planen. Der Weinstock mit seinen Rebzweigen ist ein wunderbares Bild für den Glauben an mich. Du hängst an mir. Du kannst mir vertrauen. Du musst nur dranbleiben, dich reinigen und pflegen lassen. Dann bringst du viel Frucht, die von alleine reift in der goldenen Sonne meiner Liebe. Bleibe in mir, und ich bleibe in dir.

Was bedeutet konkret in deiner Liebe zu bleiben?

Das kann ganz Unterschiedliches bedeuten. Du versuchst, Streit zu überwinden und alte Konflikte beizulegen. Du willst versöhnen anstatt unbedingt Recht haben zu wollen. Du bestehst nicht auf „deiner Wahrheit", sondern gehst auf Interessen und Ziele des anderen ein. Du sprichst mit jemandem, dem du vorher aus dem Weg gegangen bist, weil er dir unsympathisch war. Du behältst nicht alles für dich, sondern du kannst weitergeben und teilen. Du siehst hinter der Maske für den Virenschutz den anderen Menschen, dem du später wieder die Hand geben und mit ihm sprechen wirst.

Das „Bleiben" hat gerade jetzt, in Zeiten von Corona, eine zentrale Bedeutung. Aber alles andere als eine positive: Wir müssen zuhause bleiben, damit die Ausbreitung des Virus möglichst stark gebremst werden kann. Keine physischen Kontakte mehr. Nicht mehr selbst einkaufen. Spazieren nur noch eingeschränkt und unter Beachtung größter Vorsichtsmaßnahmen. Möglichst dableiben, wo man ist. In den eigenen vier Wänden. Im Zuhause, das mehr und mehr zum Gefängnis wird. Ich staune, wie unglaublich rasch Zustände eingetreten sind, die noch vor wenigen Monaten undenkbar schienen. Beinahe wie ein Mantra wiederholen die Medien, dass diese Krise unsere Gesellschaft nachhaltig verändern wird. Ich denke, zwischen der Nötigung, zuhause zu bleiben und dem Bleiben am Weinstock existiert ein Zusammenhang.

Zum einen ist das Bild vom Weinstock in die große Abschiedsrede an meine Jünger eingebettet, wo ich den Meinen unmissverständlich klarmache, dass schwere Zeiten auf sie zukommen: Ich werde leiden und sterben. Die Jünger blieben alleine auf der Welt zurück. Voller Kummer, Not, Angst und Sorge, wie es weitergehen soll. Aber sie klammerten sich an mich wie die Rebe am Weinstock: durch meine Worte, die ich ihnen ins Herz geschrieben hatte, durch meine Gegenwart in der Eucharistie, durch ihre gegenseitige Liebe, die mich in ihre Mitte rief. Wenn ihr das gleiche tut, werdet ihr jede Lebenskrise überstehen.

In deiner „Weinrede" habe ich aber auch negative, bedrohliche Aussagen im Ohr: „Jede Rebe an mir, die nicht Frucht bringt, nimmt mein Vater weg. Wer nicht in mir bleibt, wird weggeworfen wie die Rebe und verdorrt; man sammelt sie und wirft sie ins Feuer, und sie verbrennen". In der Tat wird in unserer Gesellschaft enorm viel weggeworfen und verbrannt. In manchen Ländern nur von den privaten Haushalten jährlich eine Million Tonnen Lebensmittel. Die Hälfte davon landet im Kehricht. Das neudeutsche Wort „Food waste"- Lebensmittelverschleuderung ist ein Bild für das, was heute als normal und gut gilt: Wer modern sein will, lässt nichts so bleiben, wie es ist. Er entledigt sich dessen, was mühsam geworden ist: veraltete Geräte und Gegenstände, aber auch Beziehungen, die nicht mehr optimal harmonieren. Und nun zwingt uns Corona zum Nachdenken darüber, ob das Konzept des Wegwerfens, des sich ständig neu Erfindens wirklich Zukunft hat.

In schweren Zeiten wie die in der Corona-Epidemie besteht auch immer die Chance, dem Glauben zu neuer Aktualität zu verhelfen. Die Zeit des Zuhause-Bleibens, der erzwungenen Entschleunigung bietet dir die Chance, neu den Zugang zu mir zu finden, zur Erkenntnis, dass du immer schon an meinem Weinstock hängst. Diese Erkenntnis schenkt dir Frieden, Trost und Gelassenheit. Alles, was in der Welt als erstrebenswert gilt, Reichtum, Erfolg, Ansehen, ist vergänglich wie es dir Covid-19 ganz deutlich vor Augen stellt. Wenn du am Weinstock reifst, hast du Zukunft.

Aber was wird aus mir, wenn ich nicht genug Frucht bringe. Werde ich dann weggeworfen? Das klingt nicht nach froher Botschaft, das klingt eher nach Gericht. Da sagt jemand: Aus dir wird nichts. Was du zu Stande bringst, genügt den Ansprüchen des Weingärtners nicht. Was, wenn mich das betrifft? Wie soll ich dieser Ratlosigkeit begegnen?

Der Imperativ heißt nicht: Bringt Frucht, sondern bleibt mit mir verbunden. Bleibt am Weinstock. Sieben Mal spreche ich vom Bleiben. Die Frucht ist die Folge dieses Dranbleibens. Sie wächst daraus. Zwangsläufig. Selbstverständlich. So wie eine Rebe für sich allein keine Frucht bringen kann. Sie braucht das Verwachsensein mit dem Weinstock. Was in der Natur völlig logisch ist, gilt auch im übertragenen Sinn für den Glauben an mich. Treu in mir bleiben, ist nicht mit wohliger Passivität zu verwechseln. So wie goldener Herbstsonnenschein über den Weinbergen für das Wachsen und Reifen mehr die Ausnahme als die Regel darstellt. Frost und Dürre können den Reben zusetzen und die monatelange Arbeit der Winzer innerhalb weniger Stunden zunichtemachen. Ebenso muss dein Glaube ständig neu dem stürmischen Alltag abgerungen werden.

Das zu entdecken löst bei mir Erleichterung aus. Jetzt höre ich wieder die gute Nachricht daraus: Aus dir wird etwas! Die Voraussetzungen dafür muss ich gar nicht schaffen! Sie sind mir vorgegeben. Ich darf sie in Anspruch nehmen, mich damit verbinden.

Dranzubleiben als Rebe am Weinstock, als mein Jünger, ist sehr wohl eine aktive Tat und noch mehr eine aktive Entscheidung. Das geht nicht ohne dein Ja. Es ist zugleich auch ein passives sich beschenken lassen, ein Festmachen bei mir, der dich hält.

Manchmal bewege ich mich aus der Beziehung mit dir heraus. Manchmal absichtlich. Manchmal unabsichtlich. Mir kommen Zweifel am Glauben. Zweifel an dir. Aber auch Zweifel an mir selbst.

Für die Rückkehr zum Vertrauen, für die Rückkehr zur Beziehung mit mir ist es nie zu spät. Wichtig ist, dass du am Weinstock dranbleibst. Denn das ist nicht abhängig von Pandemien oder anderen Ereignissen. Es bleibt die Gewissheit, dass meine Liebe zu dir nicht aufgehoben werden kann.

„Ohne mich könnt ihr nichts tun!" Noch so ein ärgerlicher Satz in deiner sonst so angenehmen „Weinrede". Nichts tun?! Können wir nicht eine ganze Menge tun, ja sind wir nicht ständig damit beschäftigt, irgendetwas zu tun? Wer es heute zu etwas bringen will, muss sich doch möglichst unabhängig von allen anderen machen. Hilf dir selbst, so hilft dir Gott! Jeder ist sich selbst der

Unternehmer seines Lebens und hat nur Erfolg, wenn er seine Ressourcen und Kompetenzen optimiert und effizient nutzt.

Über diesen Satz ärgern sich vor allem die Macher unter euch, die Erfolgreichen, die Eifrigen, die sich über ihre Taten definieren. Überlege einmal: Woher kommt denn für die Rebe Wasser, Nahrung, Halt, Kraft, der Impuls für Wachstum und Frucht? Schneide einen Zweig ab und stelle ihn in eine Vase. Getrennt vom Weinstock kann er vielleicht noch Blätter hervorbringen. Aber dabei bleibt es. Irgendwann fängt er an, in der Vase zu stinken und zu faulen. Alles, was die Rebe benötigt, kann ihr einzig und allein über den Weinstock zukommen. Da ist kein Raum für Verschwendung. Jeder unnütze Trieb kostet den Weinstock Saft und Substanz, ohne zur Frucht zu werden. Fülle kann nur dort kommen, wo zuvor geschnitten wurde. Sich selbst überlassen, verwildert der Weinstock. Meine Eingriffe in deinem Leben dienen dazu, dem fruchtlosen Wildwuchs zu wehren.

Diese Einschnitte erfahre ich allerdings oft als sehr schmerzhaft. Es sind die Zeiten, in denen mich die Frage „Warum?!" umtreibt.

Es geht mir nicht um zerstörerisches Herumschnippeln am Weinstock. Mein himmlischer Vater weiß sehr wohl, wann und wo er schneiden muss, damit es zu deinem Besten dient. Der Winzer wird seinen Weinstock nicht zerstören! Vielleicht erlebst du gerade durch die Corona-Epidemie solch eine Zeit des schmerzlichen Beschnittenwerdens. In aller Not, durch die du dabei gehst, darfst du wissen, dass es die gute und kundige Hand meines liebenden Vaters ist, die das Winzermesser führt! Was jedoch als gute Frucht zu gelten hat, darüber trifft er als Weinbergbesitzer das Urteil. Dabei geht es weniger um Zahlen oder um abrechenbare Leistungen, sondern darum, was du an Glaube, Liebe und Hoffnung gelebt hast, was du wirklich in seinem Sinn getan hast und nicht nur der eigenen Eitelkeit wegen. Das allein ist das Kriterium für die gute Frucht. Ich gebrauche hier absichtlich das Wort „Frucht" und nicht das Wort „Werk". „Werke", das sind die Taten, die du aus dir selbst vollbringst. „Früchte", das sind die Taten, die dir aus der Liebe zu mir erwachsen. Du musst nicht aus eigener Kraft großartige Dinge auf die Beine stellen. Vielmehr bist du dazu eingeladen, dein Leben von meiner Liebe durchwirken zu lassen. Denn durch meine Liebe werden deine Fähigkeiten veredelt. Ohne diese Liebe verkehren sich deine Anstrengungen ins Gegenteil: Pflichtbewusstsein ohne Liebe macht verdrießlich. Klugheit ohne Liebe macht gerissen. Besitz ohne Liebe macht geizig. Glauben ohne Liebe macht fanatisch. Doch ein Leben in meiner Liebe macht Freude und hat Ewigkeitswert. Mein Vater als der Weingärtner will bei dir gute Früchte ernten. Er will zu dir sagen: Schön, was aus dir geworden ist. Egal was andere von dir denken. Er will dich motivieren, Kräfte in dir freisetzen, damit du zu dem wirst, wie er dich von Ewigkeit her gedacht hat.

In unserer Gesellschaft gilt der äußere Eindruck oft mehr als die Substanz. Auf den Weinstock bezogen wäre das Blattwerk wichtiger als die Trauben. Man schreibt sich seinen Lebenslauf zurecht

und formuliert seine Zeugnisse selbst. Positives wird konstruiert, Fehler verschwiegen. Hauptsache es merkt keiner!

Damit kommen manche Leute vielleicht eine Weile durch. Mein himmlischer Vater aber sucht kein Blattwerk, sondern Früchte des Geistes: Liebe, Freude, Friede, Geduld, Freundlichkeit, Güte, Treue, Sanftmut, Selbstbeherrschung, wie sie mein Apostel Paulus den Galatern vor Augen stellt (Gal. 5.22-23). Nicht großartige Leistungen, Erfolge oder Ergebnisse, sondern eine Prägung deines Wesens nach meinem Herzen ist gemeint. So wie ich es in meiner Bergpredigt formuliert habe: „An ihren Früchten sollt ihr sie erkennen. Kann man denn Trauben lesen von den Dornen oder Feigen von den Disteln?" Ich sehe nicht auf eure Statistiken oder eindrucksvollen Projekte. Ich sehe ins Herz. Ob du im tiefsten Inneren geprägt bist vom Wesen und Wirken meines Geistes und der Liebe dazu, meinen Willen zu suchen und zu tun. Das ist die Frucht, die ich zuallererst in deinem Leben suche. Darum sage ich dir: Bleiben statt Aktivität. Du kannst eine Menge Aktivität entfalten aber nichts von Ewigkeitswert vollbringen! Bleibende Frucht wächst nur aus dem Bleiben im

Weinstock. Dabei geht es nicht um ein krampf-
haftes Bemühen, so als müsstest du dich außen
an einem fahrenden Zug festklammern. Bleiben
ist der natürliche Zustand der Rebe im Weinstock.
Es geht darum, meinen Lebenssaft durch deine
Adern fließen zu lassen. Und zwar durch das vertraute Zwiegespräch mit mir.

**Genau dieses Gespräch fällt mir oft so schwer.
Ich habe zwar alle Zeit der Welt für Arbeit, Hob-
by und Medien ...**

Konzentrierte, innige Begegnung mit mir aber
bedarf der ungeteilten Zuwendung. Nur wenn du
die Ablenkungen ausschaltest, kann Beziehung zu
mir wachsen. Wenn du an deinen Mitmenschen vor-
beihetzt, musst du dich nicht wundern, wenn keine
Begegnung zustande kommt. Ich nenne dir sehr
deutlich die Konsequenzen: Entweder du bist in
mir und beziehst aus mir heraus deine Kraft oder
du verlierst die Verbindung zu mir und verdorrst.
Das Holz des Weinstocks eignet sich nicht einmal
für Tischlerarbeiten. Was soll am Ende deines Lebens stehen? Frucht oder Asche? Ich will jedoch,
dass dein Leben gelingt.

Am Ende deiner Weinstockrede kommst du auf das Gebet zu sprechen: Wenn wir mit dir verbunden sind, werden wir bitten, um was wir wollen, und es wird uns gegeben werden.

Gerade im Gebet drückt sich die Verbundenheit mit mir aus. Im Gebet suchst du meine Nähe, lebst du die Beziehung mit mir. Du entdeckst, dass es im Gebet nicht darum geht, deine Wünsche zu erfüllen, sondern dass sich der Wille meines himmlischen Vaters realisiert. Je näher du mir kommst, desto wichtiger wird dir, was er will. Die ersten drei Bitten aus dem Vaterunser gewinnen an Bedeutung: dein Name werde geheiligt, dein Reich komme dein, Wille geschehe. Mache meinem Willen dem deinen gleich! Wenn du so beten kannst, wächst du hinein in deine Berufung, mein Jünger zu sein. Dann wirst du Frucht bringen und dein Leben hat Ewigkeitswert. Dazu schaffe ich nicht nur alle Voraussetzungen, sondern schenke auch das Gelingen. Natürlich verheiße ich dir keine Wunscherfüllungsmaschine. Doch wenn du in mir bleibst und ich in dir, werde ich dich mit dem beschenken, was du brauchst. Weil ich will, dass du in Fülle lebst!

Darum möchte ich dich einladen, dir meine Liebe gefallen zu lassen, sie für dich persönlich anzunehmen! Und sollte sie im Laufe der Jahre verschüttet worden sein, dann lasse es neu zu, dass ich dein Herz anrühre.

GLAUBE, DER EINEN
FLÄCHENBRAND ENTZÜNDET

29. Dezember 2019

Mein Lebensboot gerät in Seenot. Der Besuch
beim Arzt. Zwei Mal im Jahr durchchecken. Rou-
tine. Nichts Aufregendes. Eigentlich. Und dann
die Diagnose: Herzschwäche. Der Arzt rät noch
am gleichen Tag zu einer gründlichen Untersu-
chung in der Klinik. Es ist schon gegen Abend.
Ich möchte den Besuch auf morgen verschieben.
Doch der Kardiologe besteht auf heute. Meine
Frau Louisa macht mir Mut, dem ärztlichen Rat
zu folgen. „Naja", denke ich, „in ein paar Stunden
werden wir wieder zu Hause sein." Wir nehmen
die Straßenbahn und fahren zum Jerusalemer
Shaare Zedek-Krankenhaus. Nach dem Checken
mit den modernsten Geräten macht der dienst-
habende Arzt ein bedenkliches Gesicht. „Alle Zufahrtswege zum Herzen sind verstopft", erklärt er
mir mit einem Laien verständlichen Jargon. „Wir
müssen „Umleitungen" schaffen!" – "Und was bedeutet das?", frage ich zögernd zurück. „Dass sie

gleich hierbleiben; denn morgen gehen sie unter das Messer. Wir werden mindestens vier Bypässe legen müssen!" Mir scheint das Blut in den Adern zu gefrieren. Verständnislos blicke ich zu meiner Frau. Auch sie ist kreidebleich geworden und sagt kein Wort. Ich reiße mich zusammen und frage den Arzt: „Gibt es den keine Alternative? Beispielsweise einen Stant reinzuschießen, um die verengten Gefäße zu stabilisieren?" Die Antwort des Kardiologen wird von einem schiefen Lächeln begleitet: „Die einzige Alternative ist, dass sie in Kürze eines Tages umkippen und damit für immer das Zeitliche segnen." Diese Bemerkung bricht mit voller Wucht in mein Lebensboot, das eben noch ruhig vor sich hin schipperte. Schließlich setzt sich bei mir wie immer in solchen Situationen der Galgenhumor durch: „Also dann fangen sie schon mal an, die Messer zu wetzen!"

Da die Herzstation überbelegt ist, muss ich die erste Nacht auf dem Gang verbringen. Ständig bringt die Ambulanz neue Notfälle. Neben mir ruft ein älterer Patient mit der Sauerstoffmaske auf dem Gesicht unablässig nach seiner Frau. Ich komme mir vor, wie in einem Feldlazarett. Inzwischen hat Louisa unsere drei Kinder alarmiert.

Mirjam, die mit ihrer Familie in Jerusalem lebt, ist nach einer halben Stunde mit ihrem Mann an meinem Bett. Elizabeth, die in Düsseldorf tätig ist, lässt ihre Arbeit stehen und liegen und steigt in den nächsten Flieger. Das gleiche tut Emmanuel von Salzburg aus.

30. Dezember 2019

Ein neues Jahr steht vor der Tür. Auch mein Herz soll an diesem denkwürdigen Jahresanfang morgen „überholt" werden. Mein gesundheitliches Problem hat unsere Familie in Blitzesschnelle vereint. Alle umringen sie mein Bett, als der Chirurg Dr. Tajher mir einiges über die Operation erklärt: „Mit dem Bypass werde ich eine Lebensbrücke für ihr Herz schaffen. Also keine Angst davor!" „Und wie läuft das genau ab?" bohre ich nach. Dr. Tajer holt aus: „Zunächst schneide ich ihren Brustkorb der Länge nach auf, um Zugang zum Herzen und den umliegenden Strukturen zu erhalten. Ihr Herz ist faustgroß, wiegt ca. 350 Gramm und ist der unermüdliche Motor ihres Körpers. Die offene Herz-OP findet am blutentleerten Herzen statt. Mit einer kaliumreichen Lösung bringen wir ihr Herz zum Stehen. Um den daraus resultierenden Herz-Kreislauf-Stillstand zu überbrücken, müssen wir auf eine Herz-Lungen-Maschine zurückgreifen. Nach etwa drei bis vier Stunden ist die Operation abgeschlossen." – „Wie lange dauert mein Krankenhausaufenthalt danach", möchte ich noch wissen. Dr. Tajher lächelt optimistisch: höchstens zwei Wochen."

31. Dezember 2019
Nach den verschiedenen Labortests ist es am späten Nachmittag endlich soweit. Ich verabschiede mich von meiner Familie und werde in den OP gerollt. Dieser Abend wird für meine Leute der längste ihres Lebens. Stunde um Stunde warten sie vor dem Operation-Saal. Inzwischen sind schon fünf Stunden vergangen. Das Warten wird langsam zur Qual. Endlich nach acht Stunden öffnen sich die Flügeltüren zum OP. Noch im tiefen Narkoseschlaf werde ich auf die Intensivstation gebracht.

Elizabeth hat eine Idee: „Warum rufen wir nicht
Pater Johannes Lechner an? Der ist doch gerade
mit einer Pilgergruppe in Jerusalem. Als guter
Freund der Familie könnte er doch Papa die Krankensalbung spenden?" Der Priester verspricht, sofort zu kommen. Nach einer halben Stunde ist
Pater Johannes aufgetaucht. „Gerne möchte ich
Karl-Heinz das Sakrament der Krankensalbung
spenden", erklärt er. „Doch ich habe kein heiliges
Öl bei mir." – „Aber ich habe in meiner Tasche
aus dem Wüstenkloster des heiligen Gerasimos
noch in einem Fläschchen ein paar Tropfen ge-
weihtes Öl", erinnert sich Louisa. „Doch das reicht
nicht für die Salbung", gibt Pater Johannes zu Be-
denken. Kein Problem!" meint Elizabeth. „Ich ei-
le in die Küche und hole eine Flasche Olivenöl.
Die kannst du ja segnen. Und schon ist das Chri-
sam-Öl bereit. Und so geschieht es, während ich
im Halbschlaf kaum etwas davon mitbekomme.

Ich bin aus der Narkose auf der Intensivstation erwacht und fühle mich total desorientiert. Wo bin ich? Wahrscheinlich tragen die starken Narkotika gegen die Schmerzen ihren Teil mit dazu bei. Wo bin ich nur gelandet? Weiße Gestalten schleichen auf leisen Sohlen hin und her. Ist das ein Geisterhaus? Oder bin ich als Astronaut verloren im Universum, da mein Körper mit mindestens acht Schläuchen verbunden ist? Dazu eine Sauerstoffmaske auf dem Gesicht. Endlich geht mir ein Licht auf, als Louisa und meine drei Kinder mir die Hände halten. Elizabeth hat einen Stofflöwen mitgebracht. „Papa", sagt sie, „du hast ein Löwenherz und wirst es schon schaffen. Auch Mirjam beteuert immer wieder: „Es wird alles gut, Papa!". Emmanuel hat auf meinem Handy drei christliche Radiosender ausgesucht: Radio Horeb aus Deutschland, Radio Maria Österreich und Radio Gloria aus der Schweiz. „Damit du geistlich gut versorgt bist und das „Netz nach oben nie abreißt", macht er mir Mut.

Gestern bin ich von der „Intensiv Care" in die normale Krankenstation zurückgekehrt. Ich komme mir ziemlich hilflos vor. Mit Windeln bestückt wie mein sechs Monate altes Enkelkind David. Auch mit dem Laufen geht es mir ähnlich wie ihm. Drei Krankenschwestern müssen mich aus dem Bett hieven um auf dem Stuhl daneben Platz zu nehmen. Gott sei Dank ist meine Familie in der Nähe. Die tiefen Wunden an den Beinen sind mit Heilsalbe bedeckt und zugepflastert, da dort Venen für die Bypässe entnommen wurden. Selbst am Steißbein gibt es zwei offene Wunden, die sehr schmerzlich sind und auch in der Nacht versorgt werden müssen. Wie diese dort bei einer Herzoperation entstanden sind, wird mir immer rein Rätsel bleiben. Wenn um 5.00 Uhr in der Frühe die Krankenschwester das Fieber misst und mir 15 Pillen gegen alle möglichen Wehwehchen verabreicht, erhebt sich Louisa, mein treuer „Schutzengel" in unserer Jerusalemer Wohnung aus dem Bett und eilt in die Auferstehungskirche, um dort die Eucharistie mitzufeiern. Um 7.00 Uhr kommt das Frühstücks-Tablet. Schon steht mein „treues Weib" an meinem Bett und hat etwas von ihrem selbst gebackenen Bauernbrot mitgebracht, das ich so sehr schätze. Unwillkürlich erinnere ich mich an unser Eheversprechen vor 39 Jahren in der Verkündigungsgrotte in Nazareth: „Wir wollen einander die Treue halten in guten und schlechten Zeiten!"

20. Januar 2020

Dr. Tajer bringt mir eine Hiobsbotschaft: „Da die Operationswunde nicht zuheilen will, muss ich einen neuen Eingriff vornehmen. Deshalb werde ich das Brustbein noch einmal öffnen und neu zusammenfügen." Mir bleibt nichts anderes übrig, als mich in dieses Schicksal zu fügen. Louisa startet einen Gebetssturm rund um den Globus zu vielen Freunden von bis Sao Paolo in Brasilien bis Moskau in Russland. Sie alle durften wir in den letzten vier Jahrzehnen im Heiligen Land auf die Spuren der Bibel führen. Es beginnt ein Flächenbrand der Fürbitte um meine Gesundung.

Nochmals eine Hiobsbotschaft. Die Mutter von Louisa ist mit 99 Jahren heute sieben Monate vor ihrem 100. Geburtstag friedlich entschlafen. Louisa bricht in Tränen aus. Für eine Mutter ist der Tod immer zu früh. Wir vertrauen, dass ihr Name Rahmeh-Barmherzigkeit ein Omen für die barmherzige Liebe Gottes ist und dass sie jetzt das „volle Lebensalter" im Himmel erreicht hat.

In einer halben Stunde geht es erneut unter das Messer. Meine Frau und die Kinder hoffen und beten um einen guten Ausgang. Emmanuel sucht auf meinem Handy Radio Horeb. Jetzt hat er Pfarrer Thomas Sauter online, ein guter Freund unserer Familie und Heilig-Land-Pilger. Mein Sohn bittet Abuna Thomas um sein Gebet für die bevorstehende Operation. Pfarrer Sauter versichert, dass er auch der ganzen Radiofamilie dieses Anliegen jetzt live weitersagen wird. Ich gehe beruhigt und innerlich gestärkt in den OP.

Wieder in der Intensivstation. Da ich nicht ständig im Bett liegen muss, was den Körper ja immer mehr schwächt, soll ich wenigstens zwei Mal am Tag auf einem Sessel daneben Platz nehmen und dort die Mahlzeiten einnehmen. Um die neu vernähte Operationswunde zu schonen, werde ich mit einer Art Flaschenzug hochgezogen und wie ein Mehlsack in den Sessel gehievt. Die arabische Krankenschwester Fida nennt mich bei dieser Prozedur den „Superman". Ein herzhaftes Lachen auf beiden Seiten. Elizabeth und Emmanuel sind wieder abgereist. Ihr Leben muss natürlich weitergehen. Morgens und abends besuchen mich Louisa und Mirjam. Sie sind jetzt mein Halt im Sturm.

28. Januar 2020

Neue Komplikationen sind aufgetreten. Im Krankenhaus muss ich einen Virus eingefangen haben, der eine Lungenentzündung ausgelöst hat. Jetzt wird er mit starken Antibiotika bekämpft. Die Röntgenaufnahmen zeigen Wasser in der Lunge. Die Folge davon ist Atemnot. Bis hin zu Erstickungsanfällen. Und die werden immer schlimmer. Ich komme mir vor wie ein Fisch, den man aus dem Wasser gezogen und ans Land geworfen hat. So kann das nicht weitergehen. Louisa, Mirjam und Emmanuel wechseln sich ab und verbringen die Nacht auf einem Stuhl neben meinem Bett. Das beruhigt meine gequälte Seele, auch wenn ich kein Auge zu schließen vermag und die Stunden wie zähflüssiger Honig kaum verrinnen. Ich klammere mich an Stoßgebete wie an Rettungsplanken: „Jesus Christus erbarme dich meiner! – Jesus mein Leben bist du! – Jesus, in deine Hände empfehle ich meinen Geist." Die Ärzte sind ratlos. Die Atemnot wird fast unerträglich. Dr. Fink punktiert meine Lungen mit einer langen Nadel. Als das nicht viel hilft, legt er einen Drainage-Schlauch an. In Kürze sind fast zwei Liter Flüssigkeit herausgelaufen. Dr. Arturo aus Mexiko gesteht mir: „Nach der gemeinsamen Visite mit allen Ärzten sprechen wir fast nur noch über sie, Mister Karl (so nennt er mich), wie wir ihnen helfen können." Als er das Display auf meinem Handy sieht, hellen sich seine Züge auf: „Oh, das ist ja unsere Madonna von Guadalupe! Meine Mutter pflegt eine ganz besondere Verehrung zu ihr. Jeder Taxifahrer in unserem Land hat ein Bild von der ‚Morena', wie sie liebevoll ihre himmlische Mutter nennen, in seinem Auto." Ich erzähle dem Arzt, dass wir unseren 30. Hochzeitstag bei der Madonna in Guadalupe gefeiert haben. Ein unsichtbares Band der Freundschaft verbindet uns seit diesem Tag.

1. März 2020

Dr. Fink, der Stationsarzt hat sich mit seinen Mitarbeitern zu einer Entscheidung durchgerungen. Nachdem auch noch mein rechter Lungenflügel kollabiert ist, soll als letzter Versuch, damit mir die Luft nicht ganz ausgeht, ein Luftröhrenschnitt in meinem Hals vorgenommen werden. Ich bin damit einverstanden. Schlimmer kann es ja nicht werden.

3. März 2020

Die christlichen Radiostationen sind mir eine große geistliche Stütze, um den „Draht nach oben" nicht abreißen zu lassen: Manchmal drei Rosenkränze am Tag. Geistliche Exerzitien mit Pater Buob, die tägliche Online- Eucharistiefeier mit Pater Karl Wallner von der „Missio Österreich". Bei den Fürbitten der Hörer läuft es mir plötzlich eiskalt den Rücken herunter, als ich die Stimme von

Pater Karl höre: „Die Kinder von Emmanuel Fleckenstein beten für ihren Opa Karl-Heinz in Jerusalem, der wegen einer Herzoperation im Spital liegt, um baldige Genesung. Bitte Jesus, mache Opa wieder schnell gesund!" So ein Hilfeschrei aus Kindermund in Gottes Ohr kann doch nicht überhört werden! Vor lauter Freude kommen mir die Tränen.

10. März 2020

Nachdem Pater Louis, der Bruder von Louisa, mir noch einmal die Krankensalbung gespendet und die heilige Kommunion gereicht hat, versetzen mich die Ärzte in ein 10 Tage langes künstliches Koma. Louisa informieren sie, sie möge sich auf das Schlimmste gefasst machen. In ihrem unverschämten Glaubensmut macht meine Frau nochmals einen Telefonrundspruch an unsere Freude in aller Welt: „Betet weiter! Glaubt an die Heilkraft Gottes! Dankt im Voraus für seine Erhörung!"

Als ich aus dem „Dornröschenschlaf" wieder aufwache, bin ich noch mehr „verkabelt" als vorher. Bis in hin zum Blasen-Katheder. Dazu noch die künstliche Ernährung, als wäre ich wie manche Gefängnisinsassen in einen Hungerstreik getreten. An meinem Kehlkopf haben sie eine Kapsel „installiert", damit ich überhaupt sprechen kann. Aber diese ist nur für wenige Stunden erlaubt. Dann bin ich absolut stimmlos. Ich versuche, auf einem Blatt Papier etwas zu schreiben, um mich für Louisa uns Mirjam verständlich zu machen. Aber daraus wird nur ein wirres Gekritzel. Ich kann ja vor Schwäche kaum den Stift halten. Dr. Fink hat mir strengstens verboten, mehr als drei Gläser Wasser zu trinken, damit die Lunge vor weiteren „Überschwemmungen" freigehalten wird. Die Folge ist ein wahnsinniges Durstgefühl. So etwas ist schlimmer als Heimweh. Vor allem in den nicht enden wollenden Nächten lechze ich nach Wasser. „Majim, majim, majim!" kommt es mir auf Hebräisch über die spröden Lippen. Dr. Mahmut, der Nachtdienst hat, zeigt Erbarmen und taucht eine Art Zahnbürste ins Wasser und benetzt damit meine Lippen. Das ist aber noch viel weniger als der berühmte „Tropfen auf den heißen Stein." Als ich ihn immer noch anbettle, bringt er mit ein Stück Eis, das ich gierig in den Mund stecke. Jetzt verstehe ich die Worte Jesu am Kreuz: „Mich dürstet!"

12.März 2020

Ein großer Lichtblick in meinem jämmerlichen Zustand: Träume ich oder ist es wahr? An meinem Bett steht mein Sohn Emmanuel mit seiner Frau Katharina und den Kindern, dem fünfjährigen Elias, der vierjährigen Naomi und dem sechs Monat alten David. Kurzerhand hatten sie für 10 Tage in Salzburg die „Bude zugemacht" und wollten einfach mir nahe sein. Ich möchte vor lauter Freude einen Luftsprung aus dem Bett machen.

14. März 2020

Damit ich nicht „einroste", kommt Ajal, die Physiotherapeutin, drei Mal in der Woche, die mir hilft, erneut das Gehen zu lernen. Wie ein „Tattergreis" halte ich mich mit dem Krankenhaus-Nacht-Hemd bekleidet am Rollator fest und setze mit großer Willensanstrengung einen Fuß vor den anderen. Dabei hält Ajal meine Windel fest, damit sie nicht auf den Boden rutschen. Eine Szene wie ein einem Comic-Film mir Mr. Bean. Nach etwa 30 Meter komme ich mir vor wie ein Olympiakämpfer, der seinen eigenen Weltrekord aufgestellt hat. Von Tag zu Tag steigern sich die Rekordzahlen. Das gibt mir Zuversicht und Hoffnung.

19. März 2020

Der Corona-Virus hat inzwischen das ganze Land erfasst. Emmanuel konnte gerade noch rechtzeitig mit seiner Familie nach Österreich zurückfliegen. Aus Sicherheitsgründen mögen auch Verwandte voneinander Abstand nehmen. Damit soll dem Covid-19-Virus jede Chance genommen werden, auf andere überzuspringen. So mussten sich meine allerliebste Frau Louisa und meine Tochter Mirjam von mir für längere Zeit verabschieden. Wer weiß, wann ich sie wiedersehen werde?

Meine Genesung schreite unerwartet schnell voran. Der Gebetssturm rund um den Globus ist „oben" angekommen. Das bestätigt mir auch ein Telefonat mit Radio Maria; denn über den Äther wurde das Gebetsanliegen wie ein Lauffeuer weitergegeben. Dem Himmel sei dafür gedankt!

Beim Fiebermessen sieht heute die jüdische Krankenschwester Ruth auf meinem Handy das Bild der Madonna von Guadalupe. „Oh, was für eine schöne Dame!" ruft sie spontan aus. „Das ist ja auch die Schönheitskönigin *Miss World* aus Israel" antworte ich mit einem Schmunzeln. „Und das schon seit 2000 Jahren!" Frau Ruth schaut mich an, als hätte ich gerade ein „Trip eingeworfen". Dann erkläre ich ihr, was diese schöne Frau für mich bedeutet.

Jetzt ist die Sehnsucht nach meiner lieben Gattin Louisa ähnlich stark wie der Durst vor einigen Wochen in meiner Kehle. Gott sei Dank können wir mit WhatsApp kommunizieren und so auf Distanz unser Herz gegenseitig ausschütten. Noch nie waren wir so lange voneinander getrennt. Ohne meine Frau komme ich mir wie amputiert vor. Auch das wird vorübergehen.

16. Mai 2020

Dr. Fink mit einem „Rattenschwanz" von Assistenzärzten kommt in mein Krankenzimmer hereingeschneit. Mit strahlendem Gesicht eröffnet er mir die gute Nachricht: „Dr. Fleckenstein, morgen ist es soweit. Wir können sie mit gutem Gewissen nach Hause schicken. Sie waren ein tapferer Patient. Viel Glück wünsche ich ihnen weiterhin und den Segen von oben!"

17. Mai 2020

Endlich ist es soweit. Nach zwei Monaten sehe ich meine Lieben wieder. Meine Frau Louisa, meine Tochter Mirjam und unser Schwiegersohn Hanna holen mich mit dem Auto ab. Es ist der Festtag der heiligen Mirjam Baouardy, der Gründerin des Karmels von Betlehem und Patronin des Friedens für das Heilige Land. Da ich mit diesem „Kleinen Nichts", wie sich Mirjam gerne bezeichnete, eng verbunden bin und ihre Biographie schreiben durfte, sehe in diesem Entlassungstermin ein sichtbares Zeichen der Liebe Gottes. Aus den von Dr. Tajher vorgesagten zwei Wochen sind inzwischen 141 Tage geworden.

8. Juni 2020

„My home is my castle!" Wie wahr ist doch dieses Wort! Endlich daheim. Die vertraute Nähe von Louisa. Mirjam holt uns fast jeden Tag ab und fährt mit dem Auto in den „Jerusalem Forest", zumal der Arzt mir geraten hatte, in frischer Luft möglich viel zu wandern. So werde ich von meinen Lieben verwöhnt und voller Fürsorge umgeben. Manchmal frage ich mich: „Womit habe ich das alles verdient?" Ein Wimpernschlag nur, und es hätte ganz anders enden können? Jedoch bewahrt. Gesundgeworden. Wieder Halt gefunden und neuen Tritt gefasst. Ein neues Tor zum Leben, das mir unverhofft geöffnet wurde.

Der Autor

Karl-Heinz Fleckenstein, geboren in Krombach bei Aschaffenburg Deutschland), studierte katholisch Theologie in Würzburg und München und arbeitete als Chefredakteur der deutschsprachigen Ausgabe der internationalen Monatszeitschrift NEUE STADT.

Im Jahre 1981 übersiedelte er nach Jerusalem. Er ist mit Louisa Fleckenstein, geb. Hazboun, verheiratet. Sie haben drei Kinder.

Fleckenstein absolvierte eine Fachausbildung am Institut STUDIUM BIBLICUM FRANCISCANUM in Jerusalem in Biblischer Theologie und Christliche Archäologie mit dem Erwerb des Masters.

Nach seiner Dissertation in Biblischer Theologie an der Lateran-Universität in Rom arbeitet er aktuell als freier Schriftsteller, Journalist und zusammen mit seiner Frau Louisa als Reiseleiter für Pilgergruppen im Heiligen Land.

Von 2001 – 2005 war er ebenfalls mit Louisa Gesamtkoordinator und Ausgräber für das archäologische Ausgrabungsprojekt Emmaus-Nicopolis tätig.